"名家名篇进校园"系列

中篇小说选·小学卷

（第2辑）

主　　编○高长梅

分册主编○张献军

花山文艺出版社

图书在版编目(CIP)数据

名家名篇进校园系列. 中篇小说选. 小学卷. 第 2 辑 / 高长梅主编；张献军分册主编. -- 石家庄：花山文艺出版社, 2012.12(2021.7 重印)

ISBN 978-7-5511-0778-5

Ⅰ.①名… Ⅱ.①高… ②张… Ⅲ.①阅读课 – 小学 – 课外读物 Ⅳ.①G624.233

中国版本图书馆 CIP 数据核字(2013)第 000340 号

丛 书 名：名家名篇进校园系列
丛书主编：高长梅
书　　名：**中篇小说选·小学卷·第 2 辑**
分册主编：张献军

策　　划：张采鑫
责任编辑：董　舸
责任校对：齐　欣
特约编辑：李文生
全案设计：北京九洲鼎图书有限公司
出版发行：花山文艺出版社(邮政编码：050061)
　　　　　(河北省石家庄市友谊北大街 330 号)
销售热线：0311-88643221
传　　真：0311-88643234
印　　刷：永清县晔盛亚胶印有限公司
经　　销：新华书店
开　　本：650×1080　1/12
字　　数：142 千字
印　　张：15.5
版　　次：2013 年 5 月第 1 版
　　　　　2021 年 7 月第 2 次印刷
书　　号：ISBN 978-7-5511-0778-5
定　　价：36.00 元

目 录

mu bu

龙　金

立 极

一

金娃拾起一块卵石，朝空中一只飞鸟迅疾扔去。仿佛听见一声撞击的闷响，飞鸟飘飘摇摇坠落下来，日头就自坠落的地方升了起来，一股清新浓稠的灿烂从里面涌泻而出，涂抹着纵横沟壑，把苍凉空旷的紫烟河谷渲染成一派黄金世界。

身旁的金锁兴奋得"嗷"的一声，又抢着去捡猎物了。一清早，他的手上已提溜了几只金娃打下的鸟儿，准备待会儿拢堆火烧吃。金娃打金锁捡，一袋烟的工夫，18只鸟儿拎在手中，用一根柳条拴着，如同垂下头来的丰硕谷穗，在明媚的晨光里飘摇。

"再多打几只吧？！"金锁瞅瞅手里鸟串，心有不甘，便把眼睛望向金娃。

"美味不可多用呀——"金娃拉长声音答道。这里的规矩是不涸泽而渔，不焚林而猎。把鸟儿都打光了，明年吃什么？再说，鸟儿还能为庄稼捉害虫呢！

还未生火，金锁鼻前似乎就嗅到了透明的肉香气。那个香啊，

仿佛喉咙里都能伸出一只小手来。"闻到鸟肉香，神仙也跳墙！"鸟的肉全是瘦枣肉，稍微烧大一点，连骨头都能嚼嚼咽进肚里。他就地取材用胶泥土放上水和成泥，在胶泥里放些盐，再放些花椒、大料等作料，然后把家雀用和好的胶泥严严实实包裹上。点烧柴草、棉花秸做底火最好，等明火苗烧尽了，剩下硬火炭，把包好的胶泥团放在火炭堆里，四周埋匀埋严实。半个时辰过后，家雀就熟了。轻轻地剥去胶泥外壳，家雀毛全黏在胶泥上了，露出鲜嫩的家雀肉。吃一口，顺嘴流油，令人垂涎欲滴，真胜山珍海味一筹。小伙伴们一拥而上，风卷残云，一扫而光。

就在此时，晴格朗朗的天际起了一阵怪异的风，地上的黄尘悄没声息爬上脚面，重浊的土腥气闷得人喘不上气来。片刻，漫漫黄沙横陈昏天，顿时模糊的紫烟河谷聚结为一条蜿蜒游动的灵物。日头在重重尘霾里蜕幻成一个昏黄的蛋黄，使得在荒荒中呆立的两个孩娃如同凝晶在偌大蛋清内一般。

金锁手拈鸟串儿愕然回望，心里轰然一声巨响。他看见西北方玄黄一片，本村在远处尘沙中影影绰绰忽明忽暗，如小船儿在汪洋大海里沉浮，眨眼工夫就和茫茫天地混为一色了。黄沙筑成的齐天黄墙以排山倒海之势迅速移动，吸吐着滚滚黄尘，一路把灌木大树连根拔起卷上天空，发出一种撕裂耳鼓的呼啸。那堵袭来的黄墙轰然崩塌，一股巨大的土黄色风柱现于面前，长了脚似的卷地连天而来。

龙卷风！

"趴下！"金娃在风中摇摇晃晃喊了一句，那话音未落就被风撕碎了。两个孩娃被风暴击倒，眼前已是飞沙走石一片混沌，好像有千万只巨兽在耳边嘶鸣狂啸。金娃金锁惧得双手护头不敢睁眼，身体饼一样紧贴在颤动的地皮上。一阵沉闷的轰响迅疾从身边滚

过,像从地底三尺传来,充满一种不可抗拒的神秘力量。地面剧烈震动起来,震得人头脑晕胀内脏移位,一种巨大的恐怖感布满全身。许多个声音从空中向两人扑来——神的嘶嗥鬼的哭号,这些声音都从脊背上撕扯而过,很快变成模糊的遥远……

金娃将两眼睁开了一条缝儿,心中顿时像被重锤击打一般:他与金锁的身体中间呈现出骇人的三尺沟壑!两个孩娃都惊魂未定,趴着眯眼看那掠向远方的龙卷风俨然一条黄土色的巨龙。它连天接地,发出"嚯嚯"的声响,去至紫烟河谷一处被淘金人翻掘数遍的大沙坑上暂短驻足。黄土被纷纷扬扬搅戏上天,似要采掘什么物事。在扑朔迷离的阳光透射下,风柱中突然有金黄物一闪,盘旋而上直冲云霄,却又在龙卷风的游移徜徉中几升几落,最终还是落至地面上来。龙卷风呼啸着远去了,眨眼之间竟连它的背影也找寻不到,只有尚还混沌的天空证明着百年不遇的龙卷风曾经来过。

"看看去!"

金娃土人一般起身,直奔金黄物坠落的地方。金锁也醒悟般爬将起来,抛了鸟串儿疾跟过去,抖落一溜烟黄尘。两人气喘吁吁去到那里定睛看时,那金黄物睡也似的半掩在松绵的沙尘里,北风一吹黄沙雪沫样从上面纷纷褪落,净露出的金黄颜色便越发耀眼。那物在阳光下灿若晨星,辉映出一片让人心醉神迷的奇异光晕。

四只手鸡刨米般将面上浮沙尽数拂去,四只眼便瞪圆了定住了,两张口微翕没了丁点儿气息:那物宛如一轮日头从万年黄土中娩出,款款放出君临天下的辉泽来。天爷,这真是一个千载难逢的天生大金块呀!

细一端详,里面又极像是藏了一个神奇莫测的性灵,在云缠雾裹中栩栩如生、呼之欲出。它头长鹿角,须似马鬃,身如蛇鳄,爪像

鹰雕，一双怒目雄威壮武，嘴微张处仿佛要呼风唤雨气吞山河！

良久，浴在金光里的两个周身亮丽的孩娃大梦初醒般抬起头来，异常激动地对望了一眼，发现彼此都是面红耳赤，觉得腹中灌土般沉闷。方想起刚才屏闭了呼吸，于是急急地吐纳了一口气，把胸中翻腾的巨浪平复，心智这才活泛了开来。

金娃金锁一手金头一手金尾把金块抬了起来，升起的日头便在金块上碰撞出万般雍容。金子这东西体积不大却死沉死沉的，现在他俩手中的金块长约两尺、宽将五寸、厚达三寸，质量有千余两。

"呀！我们发财了！"金锁从金娃手中抱过金块，两眼放光，稀罕娃娃般仔仔细细翻来覆去观赏着："金娃，你说它像个啥？"

"像龙！"

"我看也是！"

"你爷不在这紫烟河谷得过狗头金吗？"

"咱叫它龙头金？"

"不成！叫龙头金只说了个头。现在看这块大金子龙的样式都齐全，叫它龙头金，其余地方咋办？"

"那——你说咋叫？"

"它就是块——龙金！"

"好！叫它龙金。"金锁笑逐颜开。他蓦地想起了舍不得钱买的那一串串红红的冰糖山楂："这能买多少串糖葫芦呀！"

"糖葫芦？那能摞成山流成河！让你天天吃，牙都酸掉了，一辈子也吃不完！"

"咱俩怎么分呀？"

"照祖上的规矩，二一添作五！"

"拿锯从中一剖为二？"

"卖了钱再分也行。"

"咱找龙神分去，龙神最公平！"

"走！咱去龙神家。"

已经进了腊月门，小北风飕飕吹着清冷的黄沙路，从两个孩娃移动的脚步下生出的一双影子细细长长的。金娃把上身仅有的一件棉袄脱下来严严实实地裹住龙金，光着满是鸡皮疙瘩的脊梁走。金锁目光热热地罩住金娃，也把身上仅有的一件棉袄脱下，却披在抱龙金的金娃身上。

金锁不会忘记，前年也是这样一个腊月，赌钱输红了眼的爹洗掠家里最后一点财物扬长而去。娘一气之下寻了短见，可家里为娘买副薄木棺材的钱都没有。爹是不能指望了，金锁看一眼娘停放在门板上的尸身，狠狠擦去脸上的泪水，一跺脚独自去淘金。冬日天冷，滴水成冰，哪是淘金的时节？金锁忙了半天也没啥收获。直到傍晚时分，他精疲力竭才摇摇晃晃往家走，不料却遇上了一群饿疯的狼。情急之下，金锁爬上了一棵孤树。狼们发出"嗷嗷"凄厉声，团团围住孤树，用锋利的白牙啃咬树干。靠近地面的树干处在轮番啃咬中瘦成了一根白木棍，眼瞅着要树倒人亡。是出门赶集的金娃从此路过，先"嗖嗖"两石将狼王绿灯笼似的两眼打灭，又一阵准确而凶狠的飞石将无首的狼群打散，救了金锁的性命，还让爹出钱葬了金锁娘。从此，原本敌对的两个孩娃走在了一起，结成了生死之交。

金娃在前面闷头呼呼走一阵，猛回头，瞟一眼在寒风中一身寒栗仍挺胸舞臂的金锁，把棉袄扔还金锁。金锁追上去又把棉袄给金娃捂上。

金娃生气了："别婆婆妈妈的，看你冻得熊样，自个儿穿上吧！"金锁还不听，金娃停下来硬给他穿上。金锁便从金娃手里

接过龙金。

"金锁！"远处突然一声炸雷般的呵斥，"我让你不要跟老姬家小子玩，为啥不听？看老子不揭了你的皮！"

这是金锁爹姜根荣，干黄面皮满脸胡须，正举着一根烟枪瞪眼扒皮奔来。当年姜、姬两姓家族联袂闯关东来在紫烟河谷，那时正值冬日。龙神爷眼瞅河谷上的氤氲紫气，心有所动，便披发步罡，看风水测八卦，断定紫烟河谷藏金。没过几天，一阵怪异的龙卷风过，金锁爷爷果然得了头彩，挖出了一个罕见的狗头金。姬家要求见者有份，金锁爷爷却红了眼，定要独吞。姬家自是不依，唇枪舌剑伤了和气。事儿也奇，半年后的一天夜里，金锁爷爷便被人乱刀砍死。凶手杳无影踪，狗头金也不翼而飞。姜家就认定是姬家所为，两姓起了仇火，爆发了一场惨烈械斗……

"你在干啥？"走到跟前的姜根荣猛地伸手扯开了衣服一角。

金锁一躲把龙金塞给了金娃，木头桩子样愣不言语。金娃则直眉横眼地朝姜根荣挺起了胸膛。

"这是什么？给我看看！"瞬间瞥见龙金的姜根荣眉梢一挑，眼睛有如暗夜里的狼一样亮了起来。

"不！"金娃把龙金别在了身侧，闪出的一道金光照亮了姜根荣涨紫而扭曲的脸。

"怕人就不是好来的，我看看！"姜根荣知是好东西，红了眼舞着烟枪扑上来要抢。金娃灵巧地一侧身，让了过去。姜根荣站稳身形，回身就用烟枪朝金娃头上狠狠打去，却被金娃躬身让过来招，一记狠肘击在姜根荣肋部。姜根荣早被大烟掏空了身子，中招后不由得踉跄后退了几步。

他捂着剧痛处不甘心还要抢，但看见金娃紧抱龙金的一只手里硬硬地攥了一颗卵石，猛然想起他的飞石曾打瞎过狂牛的一只

疯眼,心下便自怯了。他急急地朝儿子喊:"金锁,快帮爹把金子抢过来!"

"你问金锁还认你这个爹吗?整天吃喝嫖赌不干人事儿。金锁不用抢,有他一份儿。但除了我俩,谁也别想动一指头!"金娃厉声说完,回头招呼金锁:"走!咱去龙神家。"

闻听金锁有份儿,姜根荣被掷来的话音砸得脑瓜儿胰睁了一下,再没有拦截。待到两个孩娃走到远处时,他眼睛一转,似做了一个半截子举手招呼的姿势,终归还是遮遮掩掩一溜儿小跑地跟在两个孩娃后头。

从紫烟河谷到村中龙神家的路不近,抱着沉甸甸的龙金几经换手也快要冻稀溜了,远远地望见了龙神家的袅袅炊烟。

"咱跑吧!"金锁说。

"跑!"金娃应。

进得村子,就听金锁欢叫:"咱们村子竟是好好的,真是奇了!"

金娃双目一扫,也暗暗称奇:这里一草一木一砖一瓦竟和风前无丝毫差异。那便是说,龙卷风并没有惊扰村庄,而是擦肩而过了。他感叹地说:"这都是龙神爷的功劳呀!"

村子名为柏源,三面峻岭出入,南面紫烟河谷,一条溪流呈"S"形穿村而过,缓缓流出,名叫曲溪。村口"S"形溪流原是人工改造,把村子隔成了一个巨型太极图。它径直960尺,方圆120亩。曲溪从南至北巧为太极两仪阴阳鱼。鱼有鱼眼,阳鱼鱼眼为姜家宗祠,阴鱼鱼眼为姬家宗祠。村中房屋按"二十八宿"位置营造。村中还有七口水塘,称为七星塘,其布局呈北斗七星排列。那北斗形状像一只木勺,正把龙神家"装"在"斗"内。龙神家刚好位于二十八宿的西方白虎之首。这便是"天罡引二十八宿,

黄道十二宫环绕"，据说是龙神爷为子孙旺发，姜、姬兴富而按天体星象所造。听村人讲，当年这地方龙卷风老鼻子了。自从龙神爷选址建村，独具慧眼巧手营造之后，柏源村就再也没被龙卷风侵袭过。

两人无暇他顾，抬着龙金像螃蟹那样侧着身子在平整的黄沙路上跑，口鼻牛一样呼哧呼哧喘出白汽儿来。后头姜根荣便也跟着跑。

"金娃金锁，跑啥哩？"偶有风过后出门观望的村人远远喊。两个孩娃谨守得宝古训，一言不发。姜根荣却停下来，一五一十跟人说个没完。气得金锁直嘀咕"狗肚子里盛不了二两酥油"。

姜根荣话没说全，看到金娃金锁去远了，就又扭头追去。他像是故意不靠近，而是拉开一段距离紧跟在后头，似一只瘦瘦的孤狼。金锁换金娃的手时又瞟了他爹一眼，不由得想起多日不着家的爹刚才看见龙金时那贪婪得喷火的眼睛。那种目光他在别的淘金人眼里见过多次，随后多半是白刃相见腥血四溅的骇人场面。基于此，许多淘金人在意外收获后常念叨："是福不是祸，是祸躲不过……"

金锁终于憋不住了，问："龙神会不会也像我爹那样抢我们的金子？"

"胡说！"金娃马上呵斥了金锁。龙神老人今年81岁，在村里德高望重。当初陕西老家闹灾荒时，为了穷人不被饿死，他把万贯家财都散尽了，最后随姜、姬两家族闯关东来在了紫烟河谷，凭祖传的扎龙手艺过活，被极爱舞龙的人们誉为"龙神"。

"金子在他眼里是屎！"金娃断言，从金锁怀里抱过了龙金。

二

冲进龙神家院门,就被龙的世界包围了。院落里,经风雨侵蚀的陈年老龙的骨骸犹在。厢房里是今年老人照例为姜、姬两家扎的两条龙骨大架。灶间摆着两只虎虎生威的大龙头,眉眼已经勾勒清晰。老人居室的香案上方不供家谱,挂的是一幅古旧泛黄的墨龙画,透着一股镇人魂魄的神秘气息。这画据传是龙神的先祖——盛唐时一位丹青高手所绘,说不出的大气。乌云翻腾里,一条凌云驾雾的神龙活灵活现,极具神威。

村人都说龙神爷的这条墨龙有法力,能避龙卷风。说起那龙卷风,村人的嘴巴里便会生出金沙一般多的故旧来,在孩娃们的脑仁里光亮闪烁着。早些年,春日秋月,瓦蓝瓦蓝的天,冷不防它就铺天盖地而来,把地上的人、畜、树、石等一股脑儿席卷上天。有时还伴随着电闪雷鸣、暴雨冰雹。那龙卷风的形状也多,有的如象鼻子,有的似蛇状,还有绳状、鞭子状、漏斗状、柱状。有矮胖龙卷,还有魔鬼巨角龙卷、球状龙卷、倒锥状龙卷等。事儿也是怪异,有了柏源村不久,一场罕见的龙卷风暴在紫烟河谷肆虐了三天三夜,唯有柏源村恰恰处在风暴眼中,丝毫无损,人畜平安。日后,令人称奇的事儿也时有发生,当龙卷风的风力减弱时,卷走的东西常会被抛落下来。天上会下血雨、豆雨、稻雨、蛙雨等奇形怪状的雨。有一次,村里下的是鱼雨,屋顶院里落满了鱼,都是些眼清腮红的鲜鱼呀。村人们欢天喜地像过年一样,纷纷拾到家里去,吃了好多日子。一时吃不完的索性濡上盐晒成鱼干,吃饭时就拿一两条,在炭火上烤得喷香流油,从秋天一直吃到了正月。

"龙神爷——"

听到金娃金锁的叫喊,龙神没有放下手中的活计。他漫不经心地扫了两个孩娃手中的东西一眼。可只这一眼,就如五雷"轰"然一声击在顶门。龙神浑身颤抖,嘴巴愕然张开,一口气在喉间凝住。他双眼圆睁,目光木雕泥塑般死死定在了那龙金上。接着,他的眼眶里猛地生出一种酽酽的潮气来,宛如百岁老人临终前见到嫡亲的孙儿那回光返照的眼神。

一路上抬抱,金娃金锁早已手酸臂软。但龙神不接,两个孩娃就得硬挺着,一时间压得龇牙咧嘴。但见龙神把颤抖得厉害的双手五指叉开,狠劲在裤子上蹭了又蹭,"扑通"一声双膝跪地,面朝龙金俯头便拜。

"水生木,木生火,火生土,土生金。这龙金,是咱黄土人的魂魂儿呀!"龙神顶礼膜拜之后爬将起来,凛然叫道。

仿佛应了他的口气,一缕阳光移至,那龙金顿时全身闪亮。金色的光芒散射开来,如香醇浓烈的千年老酒,无孔不入迎面而来。酒气一般的金光在屋子里面慢缓而又悠长地流转,仿佛在无言诉说着百世轮回的圣异与典故。满屋光彩四溢,龙神与两个孩娃黄土色的脸庞由暗转亮金光闪烁,顿时变成了寺庙里法相庄严的贴金佛像,诉说不尽的亮丽与瑰奇。

"真是少年英雄呀!金娃金锁,你们是怎样把龙金收服的?"浴在金光里的龙神兴奋异常,好半天才回过神来。他从金娃金锁手中接过龙金恭放在香案上,然后坐在椅子上点燃了烟袋,平日里满脸威严的皱纹在袅袅烟雾中一点点舒展开来。

两个孩娃争先恐后说:"它没和我俩打斗过,是龙卷风把它从地里吸上了天又抛了下来。我俩紧跟着跑过去把它从沙里扒出来的。"

"龙卷风来时，你们就没遭险？"

金娃金锁便你一句我一嘴将早晨的情形演说了一遍，包括金锁爹想强抢龙金未果的经过。

龙神慨叹道："这就是了，那些全是上天对你们的考验呀。看到你们俩都够格，值得信赖了，龙金才会投进你们的怀抱！"

金娃金锁见崇敬的龙神爷如此看重他们得到的龙金，脸蛋儿兴奋得泛起了羞色，像两个被秋日阳光晒红的苹果。

"说吧，你们俩来找我何事？"龙神问。

"分呀！我们俩一人一半。"金锁抢说。

"分？"龙神爷愣在当场。

"我们俩怕处理不当，这么大的事儿，想向龙神爷讨个主张。"金娃显得周严多了。

"孩娃，这宝物可不能分呀！在咱华夏，几千年也出不了这一条国宝！你们懂吗？"龙神下巴抖颤着。

两个孩娃闻听半懂不懂。金娃正睐睁间，金锁却有点儿不高兴，在一旁嘀咕着："不分怎么卖钱来花？"

说话间，龙神家就拥满了姜、姬两家的人们。偌大个柏源村，消息入村就似好叫的鸟儿一样生了翅儿，扑闪闪憩上了所有的屋檐，叫得人们心尖子发颤。惊奇的人们羊群般纷纷拥来龙神家。他们争看供在神桌上的龙金，口中"啧啧"称奇，都说淘金人一辈子也没见过这么大的天生金根儿。

"龙金该有我一份儿！"姜根荣刚才见金娃金锁进了龙神门，便去村人中嚷嚷。此刻他又从人群中挤了回来，在龙神面前争食的公鸡一样叫着。

"事情经过孩娃已给我讲过了，没你的份儿！"龙神决然说。

"不公！"姜根荣一听就激眼了，跳着脚乱叫："见者有份儿！

见者有份儿！谁也不能坏了老规矩！"

龙神声若洪钟："你算什么见者有份儿？贪财不要命，别忘了你爹的下场！"

姜根荣闻言如茅草见了三伏的太阳一般晒焉了下去。他目光迷乱，想说什么，喉结动了一下，又咽了回去。

村人们纷纷问："这龙金到底怎么分呀？"

龙神坐在椅子上朗声道："姜、姬两家的人听着，回去转告你们的族长，三天以后在此聚会，共商此事！"

金锁拉了一下金娃的袄襟："痛快分完得了，干吗又得三天后？"

金娃说："龙神必另有打算，待会儿咱俩儿去问问他。"

龙神把这些都看在眼里，他沉思片刻，起身把两个孩娃拉到一边，悄声说："乾坤扭转，异象便生。自有柏源村以来，冬天起龙卷风只有两回儿。一回风过后金锁爷爷得了狗头金，这回是你们得了龙金——'龙金现，帝王出'呀！若是……唉！凡宝物是有德者居之，方可传与后世子孙。若无德者占有，则不但不会长久，还有性命不保之忧！这龙金和狗头金又有天地之别，它可是价值连城的国宝。此事关系重大，三天后议议再看吧。"

金锁和金娃得龙金的消息从龙神家出得门来，走街串户，沸沸扬扬地传遍了村子的每一角落，又在各家各户生起的炊烟里笼罩上了一层神秘色彩。再也坐不住的姜、姬两家族长先后从龙神家出门之后，一个传说就披着月光不胫而走：紫烟河谷出土的龙金是天上一条龙呀！它为了百姓触犯了天规，被天帝罚下界来受苦。罚下界它也不忘百姓疾苦，就化作金矿藏在地底，紫烟河谷因此产金。有道是"龙金现，帝王出"，这世上要出真龙天子啦！

一夜之间，无数只舌头就把金娃金锁身上贴上了一层黄金般

神奇的光彩。为的啥？自古以来，姜家宣扬本族是神农炎帝的子孙，姬家则认定自家是轩辕黄帝的后代。村人们议论纷纷：说不定来日的帝王就是这两个孩娃中的一个呢！

金锁因得了龙金，腰板便在村人羡敬的目光里挺得笔直。他爹姜根荣一反常态，头一次没去赌钱场，而是满脸喜色颠颠跟在儿子后头回家了，高兴得简直忘了自己姓什么。

"就说你爷那阵子吧——"姜根荣盘腿打坐，和梁角的蜘蛛一起历数如网的旧事："那时我就和你现在一般大吧。姜、姬两家来到紫烟河谷之后，发现了金子。你爷那叫手气红，挖了一个狗头金。旁人见了都眼红呀！特别可恨的是老姬家的人，非要见者有份儿。你爷说了，有本事自己挖去。呛得姬家人直翻白眼。到了晚上，你爷找了一个陶罐，把狗头金放进去，偷偷埋了起来。半年后的一天夜里，祸事来了。一个武艺高强的蒙面人闯了咱家，把你爷和我都捆起来了。他假着嗓子，拿刀逼你爷说出藏金子的地方，不说就在身上划一道血口子。你爷骨头真硬呀，身上十多道血口子呀，硬是一声不吭，还把一口带血的唾沫吐在贼人脸上。贼人恼怒地骂了一句，露了本声儿。你爷立马听出了蒙面人是谁，刚说出'原来你是……'就被贼人杀人灭口，一刀就给活生生捅了！他又拿那血淋淋的刀来逼我，不说也要捅死我。我琢磨着，好汉不吃眼前亏呀，不能舍命不舍金子，就把藏金子的地方告诉他了。"

"后来呢？"

"得了金子贼人就跑了，我还被绑着动不了，只好用头在墙上咚咚撞着。亏了住在紧邻的咱族长，闻声带人冲进来，这才把我解救了。"

"那到底是谁杀了我爷？"

"族长说，他好像看见一个蒙面人闪进了姬家那一片房

里……"

"再后来呢？"

"族人看见你爷浑身是血的尸体，都火冒三丈。族长就带人连夜到姬家去搜。姬家不让，就这样起了械斗——最后经龙神调解才罢手。就是他这一搅和，不但凶手没找到，狗头金也就此无影无踪！"沉默了好一会儿，姜根荣又自言自语："大难不死，根脉不断。如今咱老姜家祖坟又冒青烟儿啦！但有一样，金锁，你说这得感谢谁？"

"感谢谁？"

"得感谢你老爹呀！"

"为啥？"

"不知道吧？我瞒人瞒得多紧！"姜根荣把眉毛扬成了龙飞凤舞的墨笔："全仗我给你爷爷葬了一个好坟地——那可是一个龙穴呀！"

"什么叫龙穴呀？"

"龙穴就是祖辈葬此子孙能出真龙天子的美穴地哪！"

"我知道了！"金锁脑瓜仁里陀螺一般转了几圈，眼睛一亮突然叫道。

紫烟河谷寻龙堪舆的传说像地上的黄沙一样多。他就听人说过这样一个典故：明太祖朱元璋看中了钟山的风水，要把陵墓修建在那里。他邀刘伯温一同上钟山选择葬地，找了很久，也没找到如意的正穴。朱元璋走累了，就坐在一个僧人墓冢上稍息片刻。他问刘伯温说："依你看吉穴在什么地方？"刘伯温答道："陛下坐的地方就是龙穴。"朱元璋大吃一惊，急忙站起，说："这里面已经躺了一个，你看怎么办？"刘伯温说："按照礼节，将他挪个地方就是了。"朱元璋不高兴了，说："普天之下的土地都是朕的。朕要用这个地方,为何还要繁文缛节,以礼相待?"说罢,朱元璋就命人动手挖掘僧人的墓冢。挖开后,见里面有两个瓮,一上一下合在一起。取下上面的瓮,只见僧人面如生时,和活人没有什么区别。鼻柱直垂到膝盖,指甲长得长极了,编成了一个笼子把自己围在里面。众人见了无不惊骇,谁都不敢向前。这时,朱元璋才相信刘伯温的话,于是设坛拜祭,然后令人小心翼翼地把僧人移葬五里之外。接着,朱元璋就在此修建陵墓,是为明孝陵。金锁和金娃谈论这些传说时半信半疑,倒是村里人说起这些事儿来上了大神一样五迷三道。

话从姜根荣口中吐出,像藤蔓一样缠绕不断:"我怕你人小嘴不严就没告诉你。你爷的坟呐,就在藏金山的山凹里。有一年,我在道上救活了一个饿倒了的风水先生。先生告诉我说,他来自南方夜观天象,发现咱这地界上空生出五色之光,疑是帝王之气,就找寻了来。他来到藏金山,只见山脉逶迤而来,重岗叠阜,凤翥(zhù)龙蟠,一峰柱笏(hù),状如华盖。前有金星峰,后有分水峪,诸山耸峙环抱。左有关峪西朝,俨然左辅;右有山谷东向,俨然右弼。千山万壑回环朝拱。左右两水,分流夹绕,俱会于紫烟河谷,一派王者风范。'本骸乘气,遗体受荫。'风水先生无儿无女,龙穴当是有德之人居之。他为了报答我的救命之恩,就把这龙穴的确切方位告诉了我。那时,你爷为了狗头金刚送了命。我呢,就择良辰吉日把你爷葬进了龙穴。当时我对谁都没言声,因为啥?怕老姬家破了咱的风水!现在龙金总算从你的手里出世了,'龙金现,天子出。'果不应验在你身上?发现龙金,那小金娃是沾了你的光!"

爹的这一番话,种子一样撒进儿子心里,长出一片扯不清理还乱的茅草地。金锁一时间竟不知说什么好。

姜根荣又嘀嘀咕咕:"不知道龙神葫芦里装的什么药儿,别人

得的龙金他自己一个人守着，什么三天以后再议，别是变着法儿想自己独吞吧。"

"金娃说金子在他眼里是屎。"金锁说。

"还张口金娃闭口金娃的，我告诉你，将来和你争天下的就是金娃！你们小孩丫丫懂什么？你见过人世间多少艰难坎坷？也许他龙神贪大不贪小呢！说不定他后悔从前自己散尽了家财，想在这次捞个本儿回去哩。"

金锁闭紧嘴巴，把言语咸菜一般腌进如坛的肚子里。

"我知道你恨爹。爹平时耍点儿钱，你娘想不开寻了短见，那也不能全怪爹呀！我可没逼她上吊。女人就是眼窝子浅，这不，儿子发了财也没福享了。上阵莫如父子兵，关键时刻，还是得爹为你把关。"

"那你说怎么办？"

"依我看呀，咱爷俩得精细点儿，千万不能让外人占了便宜。看你爹的好儿吧！"

一转眼的工夫，姜根荣就像点着火的二踢脚在姜姓人家里串了一遍。他哭诉煽动，把狗头金的旧账翻个底朝天。姜姓人也都是些见火就着的脾气，无名的怒火就这样燃了起来。

"昔日姬家杀人抢金，今天看他们敢多占一毫一厘！"

"抢！抢回自己的一半儿！"

"谁想要独吞，没门儿！"

姬家人闻言也不让强了，个个眼红得像发了狂的牛："说那杀人夺金的事儿是我们姬家干的，有什么凭据？"

"这回可是二一添作五，公平合理。他姜家人要是敢动手，我们就和他们鱼死网破！"

姜姓人眼里的金锁爹平日没几分斤两，现在可不同了。因子

而贵的他浑身得了神助般，变得一呼百应了。一种家族敌对的情绪在街面上庭院里飘来荡去，迅速积聚成火烧火燎的一团一片。柏源村的人们谁都嗅得到里面那浓浓的火药味儿，像刚放过了除夕爆竹的空气一样。

第三天，得龙金的金娃金锁守时来到龙神院中时，两大姓的族长和头面人物早就先到了，当然还请了龙金得主的家长。因两个孩娃早被龙神爷叫去家里商讨完毕，并荣耀地成为他的关门弟子，心里自是有底。他俩四目一扫，看两家东西分列拉开阵势，个个面色铁青，龇牙咧嘴，眼珠子瞪得牛眼大，就如京戏里的两军对垒似的。知道这是开张了一个火药铺，只要一个火星儿就能爆出惊天动地的声响来。

姜家族长是金锁的爷爷辈儿，名叫姜枚信，生就了一副惹眼的鹰钩鼻子。他将着山羊胡须，绿黄莹莹的眼睛一转，首先开口道："两家孩娃得了龙金，既是姜家的荣幸，也是姬家的福分！今天两家聚会于此，共同商讨龙金的归属。愿闻姬家族长高见。"

姬家族长名叫姬延奉，便是金娃的爷爷，天成的浓眉方脸，出了名的脾气耿直。他虎目一瞪回应道："我们两家也有些年月没在一起碰头了。得了龙金是件喜事儿，既是件喜事儿，就该照喜事儿办，可千万别走了老路。"

姜家族长道："没人盼着走老路！可有一样，万事若都讲个公平合理天地良心，那老路恐怕就走不成喽。"

姬家族长道："好听话先按下不表，姜家族长不说说自己的想法，我这个姬家族长怎好抢了风头？"

姜家族长道："别风头不风头的，那正是姬家族长的精明哩！"

姬家族长道："都是黄土捏成的人儿，实实在在才是正理。若提龙金的归属，我这个姬家族长还得往后排！为啥？龙金是姜金

锁与姬金娃共同发现,孩娃的意见怎可不听?"

龙神说:"姜金锁、姬金娃,你俩说说自家的意见吧!"

金娃给金锁递个眼色,姜根荣又在身后推了他一把。金锁才站出来说:"龙金我和金娃一家一半,就这样!"

金娃说:"我同意金锁的意见!"

姜、姬两家族长对视一眼,齐声道:"对,还请龙神定夺!"

龙神手捧龙金端坐椅上,神色庄重地巡视了众人一遍。众人便知道龙神要开口了,喧哗声就坠落了一地,德高望重的龙神的话就是法律。

龙神郑重宣布:"龙金是天降龙卷风所现,为姜金锁和姬金娃所得,这是天降吉祥。理应由金娃、金锁共有。但因金娃、金锁年幼,暂由姜、姬两家共同保存。待他俩成人儿后再予返还。"

"不公,凭什么把我儿子得的宝物由你们随便处理?为什么不现在就分给孩子们?!孩子小大人也小吗?我这当爹的没有资格替孩子保管吗?"姜根荣跳着脚喊。

族长姜枚信把住姜根荣的胳膊说:"你听我一句!龙神爷不是不想现在给孩子们,而是龙金太贵重了,卖钱没人买得起。一分为二吧,既不值钱又毁了一件宝物。别说你,就是我也没本事敢替孩子保存这龙金呀!"

族长开了口,又说得有理,姜根荣不言声了。

金娃爹姬根生上前道:"一龙无存二家,这龙金是一件国宝,又不好分成两块,无法由两家共同存管,又怎么办?"

龙神咳了一声,一锤定音:"姜、姬两家共为炎黄子孙龙之传人,同根所生不可分割,鉴于姬家所言,那就定于每年正月十五举办争龙灯会,胜家存管龙金一年!"

三

翻过紫烟河谷旁的藏金山，便是一个幽深的峡谷。晨雾尚未消散，峡谷便呈现一种葱郁朦胧的绿色，充盈着浓浓的草木的气息。苞米饼一样焦黄起来的上午日头，甩贴在天穹上烙着，将烤出来的耀眼的日光，从空际倾注下来，梳理着面前树木的亮绿暗青。那日光渐渐增着的炽热，如烤熟的饼香气一般，向峡谷的深处蒸腾过去。覆盖着山石嶙峋的峭壁，大片大片的青松林人一样伸出手臂，承受着日头的精华，形成一个四季常青的世界。峡谷同冰封雪盖的紫烟河谷虽只一山之隔，却俨然有天渊之别。再往峡谷深处探索，更觉一股让人要脱下棉袄的热力，简直就是一个出开花白馒头的大蒸笼。就算是认得路的金娃金锁，也得在翁郁粗大见不着天的树林里浑身大汗转悠半晌，方能来到峡谷底部那令人两眼一亮心中狂喜的去处。

那简直就是神仙住的地方呀！周围山峰耸立环抱着一片绿意盎然的奇花异草的绿地，流淌的溪水映着蓝天不停地"叮冬"作响，偶尔还会看见头顶丫杈的公鹿出没。这里四季温暖如春，只因为有一眼温泉，将带着氤氲蒸汽的地热转送到方圆几里地，使此处成为一个鲜为人知的世外桃源。在金娃金锁心里还埋藏着一个秘密，那就是温泉周围藏有金矿，而且肯定储量丰富。这个秘密是他俩共同发现的，并相约决不外传。

金锁就坐在溪边专注地淘洗着。日光像化开的金子融在水里，与他搅动起的泥沙融为一处。金锁一直固执地认为，日光是这藏金山峡谷里的溪流，从他的瞳仁和耳眼里流向远方。上午攀升的

日光，如一层明亮的金液在树林中流动，能听得见树叶上滴落下来的日光的声响。那金液渐渐地融入远处的流水中，将水底的沙石镀上一层黄金的颜色，勾起如梦如幻的往事。

去年也是这个时节，金娃金锁结伴来到了藏金山上玩耍。他俩像猴子一样上蹿下跳，在山峰上玩得不亦乐乎。金娃胆大，在悬崖边跑动也毫不畏惧。他突然一不小心，脚下一滑，整个人顿时就从金锁面前消失了。金锁吓得脸都变了色，大声呼喊着金娃的名字。喊了好半天，也没听见回应。金锁一屁股坐在了地上，心里像三伏天迎头泼了一盆冰水。他叫声"完了！"眼泪就止不住地往下流。正在这时，金锁隐约听见悬崖底下好像有金娃的呼叫声，他顾不上抹眼泪一个高儿蹦了起来，把身体附在岩石边上，用头向下探望着。哎呀妈呀，金娃没死，就在深深的崖底下向他招手呢！原来，掉下去的金娃被繁茂的多年生藤蔓接住了，捡一条命。扯破喉咙比比画画了半天，金锁才略略明白了对方的意思。金娃好像在崖底下发现了什么东西，要他下去。金锁硬着头皮壮壮胆子，缘着藤络慢慢滑了下去。下去以后，金锁差点惊喜地跳了起来，多好玩的地方呀！两人满草地上撒开了欢儿。金锁忽然发现溪水里金光点点耀人眼目，细一查看竟是金沙！之后，他俩常结伴来此淘金，每次都有收获。

今天，金锁却是独自一个人来到了这里。他阴沉着脸把两个鸡蛋放进了热气腾腾的温泉里。只一袋烟的工夫，蛋皮就透出熟润的颜色，就权当午饭了。得了龙金，却不能卖钱去花。不仅冰糖葫芦的梦想成了泡影，就连一日三餐还得继续靠淘金去维持了。然而，得龙金后，姜、姬两家都不把他和金娃当孩娃看了。他们可以像村里有身份的汉子一样昂首阔步，盈耳的是长辈的赞不绝口，背后是人们羡敬的目光。金锁想起这些，心里就比吃了一万串冰

糖葫芦还舒服,明白这日子还有许多比钱更重要的东西。想着想着他就"噗"的一下笑出了声。但过不多久,他的脸色就像连阴天一样沉下来了。

连着几个晚上,爹不停地讲龙金,讲真命天子,听得他耳朵都磨出了趼子。爹好像认定了金娃就是和他争天下的人,不仅不让他和金娃玩,还定了好几个计策要算计金娃。金锁死不同意,金锁爹这才作罢。但他告诉金锁,千万不要把爷爷的坟地的事儿告诉金娃,金锁点头同意了。

人是到了峡谷,可心却不知忘到了什么地方。金锁知道爷爷的坟就在峡谷的某个地方。不知怎的,他的脑海里老是回旋着爹讲的"冢气忌泄"故事。唐朝黄巢起事的时候,有风水先生说他的祖坟金州牛山有"王气",要打败黄巢,必须挖掘牛山,斩断地脉,断绝"王气"。朝廷听了风水先生之言,派遣一万多人去挖掘牛山,用了一个多月的时间,在黄巢谷挖出了一个石桶,桶中有黄腰兽,桶上有一把三尺宝剑。挖出石桶不久,黄巢起事果然就失败了。金锁想,兄弟一般的金娃也会去坏了我家的冢气吗?

"什么拜把子兄弟? 为了争夺天下,骨肉兄弟也会反目成仇! "说起他和金娃俩,爹讲的是秦末楚汉相争的故事:"楚霸王项羽那可是一个顶天立地的英雄人物。他'力拔山兮气盖世'。他和亭长出身的刘邦就是拜把子兄弟,可在战场上不就是你死我活的对手? 鸿门宴那出戏你看过吧! 正是项羽杀掉刘邦的好时候,可是项羽却动了兄弟之情妇人之仁,没有采纳谋士的意见,让刘邦借机跑掉了。结果楚霸王自己落了个四面楚歌自刎乌江的下场。"

金锁又起身在山坡靠水的地方挖了一铲泥,放到淘金板里。他蹲下来双手捧着沉甸甸的淘金板,把它浸到温暖的溪水里,像淘

米一样摆动着板子。于是,较轻较大的沙粒便随着水流了出去,较重的金沙便沉到了盘板底。随后,金锁巧妙而熟练地旋转着板子,一次次把泥沙淘出去。不久,搓衣板一样的板子底只剩下一层细泥和碎小的沙子。到了这一步,他就变得小心翼翼了。随着淘金板的最后一次摆动,十余粒黄灿灿的金沙便呈现在他的面前。但是,金锁好像没有因这丰厚的收获而欢喜,反而愁眉不展地喘了一口粗气。

昨天上午,金锁得了消息:因龙金是金娃、金锁两人共同发现,便被姜、姬两家视为吉星高照。加上两人都是舞龙好手,姜、姬两家一致决定他俩代表各自的家族,承担龙灯队逗宝的重要角色。

这个角色无疑是荣耀的。但金锁兴奋之余却陷入了更深的忧虑之中。他和金娃是生死之交。本来爹讲的那些事儿就够他心烦的了,现在两兄弟又将成为一决雌雄的敌手。金锁的脑海里像正煮着一锅糨糊,糊里糊涂简直找不到东南西北了。何况此次比试非同儿戏,胜负与否关系到两大家族的脸面。这就意味着两人会因为殊死的争斗而淡情薄义,日后甚至会陌如路人! 金锁头一次没有叫上金娃一起来淘金,就是为了找一个清净的地方梳理一下纷乱狂热的思绪。此时金娃会在哪里呢? 他又会如何想呢?

这时候,意料之中的脚步声从峡谷那边隐隐传来,坚实有力地拍击着土地。脚步声越来越近,金锁甚至听得见枯叶被脚板踩碎的呻吟声。一个身影遮住了面前的光线。这个人是谁,金锁心里有数。抬眼看时,果然就是金娃,正背着淘金家什站在他面前。

"我就知道你小子会来这儿!"金娃走到他身边,将家什放下。他抄起铲子把泥沙铲到淘金板上,然后蹲下身来淘洗起来。

金锁有点儿不敢看金娃,低头闷声不响地干。他只觉心里虚虚怯怯的,像一大片被风吹倒的衰草。

"我知道你在想什么。"金娃把淘出的金沙仔细地放进鹿皮口袋里:"嘿嘿,你在想咱哥俩今天是生死之交的铁哥们儿,正月十五就成了势不两立的对手!"

金锁终于嘎嘎地冒出了一句:"你都知道了?"

"我什么不知道?"金娃又挖了一铲沙扣在板子里,端着淘金板送在溪水里摆动。

"那你对这事儿怎么看?"

"我爹说这是家族给我们的荣誉!"

"这么说,咱俩非争个高下输赢不可?"

"怎么,你怕了?"

"不关怕的事儿!我不想和你斗……我想去跟族长说让他换个人。"

"但我就想和你斗,换别人没意思哩!"

"算我怕了你……"

"啪——"一记清脆的耳光响在金锁脸上。金娃勃然大怒,骂:"孬种!"

金锁恼了,跳起身叫:"干吗打人?!"

金娃追上来,举着巴掌扇来:"打的就是你!还打!"

金锁忍无可忍,左手格开来掌,迎胸一拳把金娃打倒在溪水里。

金娃落汤鸡似的从水里爬起来,却乐了:"噢,金锁原来不是孬种,他还是我金娃的好兄弟!"

金锁余怒未消,指着金娃喊:"飞石我比不上你。但若论舞龙呀,咱们场上见真章!"

金娃收起笑容,一双眼睛充满真挚:"金锁,咱俩定了,这场比试下来,不论谁输谁赢,我们还是割头换帖的好兄弟!"

"永远是好兄弟！"金锁胸中一热，顿时升腾起的暖流淹没了爹给他讲的那一切。他猛地把金娃从水里拉出来，紧紧搂抱在一起。

四

正月十五转眼就到，这天村里热闹非凡。人们欢声笑语，孩娃们更是雀跃异常，全都把心放飞成天空中快乐的小鸟儿。就连路边的石头蛋子也在纷纷而至的脚板下兴奋得驴打滚儿。天将放黑，月亮便亮到极处，金黄黄卧在蔚蓝的天上。漫天的星斗纷纷偷下凡尘，果子一般在千家万户的窗前红着，瞪大了惊奇的眼睛。

龙灯会的习俗是姜、姬两家自陕西老家带过来的，每年一次，甚为隆重。因淘金而致富的两大家族解决了温饱，便把劲儿铆在了舞龙上。谁家小子若不会舞龙，那叫没能事，被人瞧不起。要讲舞龙的学问可大了，姜、姬两家各有绝招，每年比试都不分高下。今年龙金的归属问题更为两家所深深瞩目，各挑选了技艺高超的强壮后生积极操练，准备为争夺龙金一年权属背水一战。因这关系到本家族的荣誉，非同小可，那就更有一场好龙灯看了。

龙灯会设在紫烟河谷一处宽阔坦荡的所在，月光下湖水一样舒展着。上面浮动着逾百支激情澎湃的火把，照得偌大场地如同白昼。村里呼爹唤儿的叫声嘈杂成一盆盆遍撒的大雨，将人们的心田湿润成久旱获甘霖的惬意黄土。众人欢喜的心气儿汹涌着且在村街上东流西串，尔后集成水流汇成小溪，一路哗啦啦春水般拥至灯会场上，带起的飘忽气浪使火把长时间激情难遏狂舞不已。

村里的男女老少熙熙攘攘围定场地。鞭炮炸响，孩娃们统统

在纷飞的碎纸屑里抢拾未响的鞭炮。准备决一雌雄的姜、姬两姓龙灯队浪潮般涌出。两队的架势呈现在一轮大而圆的月亮里面，恰如二龙争抢着一轮明珠。

锣鼓声长了翅膀一样，在蓝得透明的空际翻飞，无形的蝴蝶一样送至人们的耳膜上。彩火把式们跳跃着往举起的火把上抛洒松香粉和颜色，燎出天空一片五彩焰火，两家龙灯便在火药香中忽隐忽现蜿蜒游动。龙灯分为九节，应着"龙生九子"。龙身内放置蜡烛，把彩绸包裹的赤黄双龙映照得鳞光四射栩栩如生。

姜家龙头是金锁的二叔姜根贵，是舞龙的一等高手。他带领姜姓的八个精壮汉子行云流水舞动赤龙。那颜色红得耀眼，让人分外振奋心跳如鼓，在姜家族人们的心中，就如一条电闪雷鸣中诞生的火龙在试筋验骨。

姬家龙头是金娃的爹姬根生把持，他和姜根贵是赛龙场上多年不相上下的老对手。他同样亲率姬家八大金刚，把一条黄龙挥舞成地动山摇的神物。它仿佛是在黄土里蛰伏太久，今朝才得施展豪情一般。

临行前，姜根荣还特意从姜家龙灯队中拉出金锁，附耳啰嗦叮嘱了半天，直到比赛前才放手，也不知说些什么。

两家龙灯队中各自昂然走出手执逗宝的金锁和金娃。人们目光定处，先是罩住了逗宝上缀铃带哨的轻响，分别是两个耀眼的披红挂绿，自下而上聚为头顶的两个红红的绒球。众人啧啧连声，眼里透出两个少年十足的威风。

金娃抬眼望时，撞上金锁坚毅的目光。两个孩娃的目光刀一般锋利，砍在一处迸射出成年汉子的豪气。人人都明白，今日的龙灯会非同寻常。这将是一场勇气、技巧和韧力上的近乎残忍的比赛。历届龙灯会上屡有男儿为一胜字累得吐血以至做下病来，终

生不能再干累活。这种人却一辈子受村人尊敬，赞他是一条快意人生的好汉子。

此刻，龙神神情肃穆地端坐在彩棚中间主位，两旁分别是姜、姬两家族长。那龙金便沉甸甸摆放在面前的供桌上，重重压在两家族人们的心上。棚里跳跃的耀眼火把，将红绸裹托的龙金涂抹了一层酽酽的血色。一阵风来，它便得了性命一般，周身闪亮，吞吐着月的光华，似在有节律地蠕动。仿佛它已在睡梦中苏醒，云雨一来便要在电闪雷鸣中腾空而起一样。

然而，云未聚，雨未来，偌大的场院在如水的月光里寂静了。龙神一声号令，火铳震得月亮险些翻一个跟头。人们怔怔地望着姜、姬两家的龙灯队在鞭炮炸响鼓乐齐鸣中惊醒，飞金溢银地出场了。

两股潮头会聚，涌掀起的气势尚未碰撞，人们的心头便撒满了滚烫如火的碎珠了。姜家是赤龙，姬家是黄龙，都用绸布包裹，在人们心中仿佛裹着两家族的脸面。众人的目光仿佛秋雨般敲打着两龙浑身光亮闪烁的鳞片，刷洗着各自陈俗陋习中的木讷与懦弱，聚两股千年生命的伟力，在翻转腾挪中塑出赤龙的威风和黄龙的气派。鼓语如雷，欢声如潮，千百种声音尽情放送，炸出满堂彩！

七彩焰火在夜空中开放惊喜，映出金锁金娃健美的身姿。金锁虽无金娃飞石击鸟的本领，在舞龙上却与金娃难分伯仲。他用逗宝与金娃碰一下头，哗然跳开，一招"双龙分水"带出一阵紧密的锣鼓。金娃应和着，一招"金鸡独立"稳如峻岭。此时，争鸣争放的鞭炮、焰火和喝彩声，汹涌成飞流直下的江河，载着两龙难分难舍的大竞斗。

逗宝是龙灯的眼，龙灯舞得好坏，十之八九取决于逗宝的指引。两个孩娃深知这点，因此一上手就竭尽全力。这技术的尽情

发挥,这阵势的雄壮威武,这线路的曲折萦绕,全靠逗宝的运筹帷幄。两逗宝一马当先,龙头随机应变,龙颈、龙身、龙腹、龙尾紧随其后,展现一幅双龙相争翻江倒海的壮观。

金锁金娃精神抖擞意气风发,挥舞逗宝引导本家龙灯尽情飞舞。但见赤龙拔地而起"飞龙在天",黄龙潜身游荡还一个"蛟龙入海";赤龙一招"心系北斗",黄龙一招"腾云赶月";赤龙再施一招"紫气东来",黄龙还变一招"流云西去"……两龙施展浑身解数,在人群中撞击出一个个冲天的浪头。众人的喝彩声不由自主从口中回旋激荡而出,更加坚硬了两家争斗的心性。但见两逗宝忽而"旋风脚",忽而"连环翻",紧接着"草上飞"、"云端旋",使两条龙注入了灵性一般,在场中飞舞盘旋。人们看那逗宝在金锁、金娃手中左左右右、上上下下、前前后后,犹如两颗飞逝而过的流星。那两条龙紧随着逗宝张嘴开眼、振首摆尾、翻云覆雨,恰似横空出世的真龙,好一幅二龙戏珠的画面。众人挤来拥去,踮足伸颈,全神贯注,如一浪伏低一浪又起,簇拥着两龙的大比拼。千百双眼睛里已到处是龙的身影、龙的气势、龙的威风。渐渐地两条龙越舞越欢,越舞越巧,赤黄两色搅绕翻滚在一起。映得那神案上的龙金流转着缤纷五彩,包裹的红绸随风轻舞。好似那龙金也心血沸腾,跃跃欲试身手,不定何时就要活转过来一般。众人眼花缭乱,分不出春秋高下,都说是今生没见过这般好舞龙,于今碰上了,就便一口气上不来死了也值。

喝彩声随锣鼓的粗犷旋律此起彼伏,一浪高过一浪。原本姜、姬两家助阵看眼各有营垒,泾渭分明。人们争先恐后看龙,偶有鞋被踩掉脚被踩肿的汉子闺女灵醒看时,也全找不见本家的熟面,不用细想,知是两家只顾看龙早已你中有我我中有你。姜、姬两家原本汉子气横女子气烈,此时却全无闲暇争强斗胜寻仇找事儿,没事儿人一般又急急鹅样齐刷刷伸长脖项向场中望去。

金娃身子骨灵巧矫健,渐占上风。只见他身轻似燕,手中逗宝快似风走如电。他引导赤龙如一条火蟒纵横驰骋。那龙转速加快,圈子变小,旋成一轮燃烧的太阳,点亮了姜姓人的渴盼的眼光。姜家亮出了他们的看家本事,此式唤作"与日争辉"。姜姓人急不可待双目喷火,看那金锁虽不如金娃灵活,但他骨架粗大,威武有力,大脚板子不甘示弱地拍击着黄土。黄龙紧随其后,节奏转慢,依金锁拍子以脚掌拼命拍击土地。其声越来越响,竟有盖住锣鼓声之势。周遭很快腾起了黄色土雾,黄龙便在此幻境中蜿蜒前行,恰似一条土龙见首不见尾。这亦是姬家绝招,名曰"天地玄黄"。两家人的叫好声、鼓劲声震天动地,沸腾成一片波涛汹涌的海。

金娃挥舞逗宝腾跃在赤龙前。时间就在这壮美的舞蹈和雄浑的鼓点里逝去,不知不觉已是七个多时辰了。他一瞥之间,那神案上的龙金竟蜕去了五彩,恍惚蒙上一层稀薄的血色。虽是正月天气,两家舞龙人的身子早已全然湿透,脚步也游移起来。金娃金锁两个都是大汗淋漓,嘴角沾满粘津津的白沫儿,浑身蒸腾着水汽儿。这次舞龙,姜、姬两家是舍了命来的。技巧招式两家都不相上下,唯有拼体力了,谁家先倒下谁输!人们都预感到,这场死争斗不见输赢是不会罢休的。

天幕渐渐明了,头上的启明星已经升起。一缕红霞在东方展现,神案上的龙金已殷红如血,充满悲怆的意味。姜、姬两家族的助威呐喊已变得嘶哑怪异,仿佛是生命中的最后拼争。锣鼓的节奏也由激昂变为凝重,一记记好像敲在人心嫩肉上。两条龙与其说在舞动,不如说在爬行,好似受了重伤一样举步维艰。两个孩娃步履沉重地走在本家的龙灯前头,随时就要摔倒的样子。举龙的汉子们牙关紧咬着苦痛,拼死跟在后头。他们气喘如牛,憋出的汗

花儿绽在浑身放大的毛孔上。这时倘若两队中有人倒下，那就必然士气衰竭，定败无疑。此时的胜败之间，全靠韧性了，谁能坚持到最后，谁就是胜利者。

金锁觉得全身的苦疼已渐渐离自己的躯体远去，代之而来的是全身无穷麻木和疲软。他的脚步踉踉跄跄，手中的逗宝早已是在机械舞动着。肺部的血腥味弥漫到口鼻，越来越浓。他惊恐于自己快要倒下了，但又提醒自己千万不能倒下。这种时候，失败要比死亡更可怕！突然，他觉得胸膛一股浓浓的火热直窜喉咙。金锁知道自己是累吐血了，但这时千万不能挂红呀！他咬紧牙关将血咽进肚里，继续挥舞逗宝向前走去。

金娃此时的情况也濒临绝境，眼前的景物时而模糊时而清晰，脚下的土地已不再平坦了。更糟的是，脑海里如船在浪尖，时时有排排巨浪打来，使他眼冒金星，觉得自己马上就要昏厥过去了。他死死咬住牙关，只听"嘎巴"脆响，满嘴顿时涌出血腥。他"呸"地吐出来，看了看地上的东西，知是两只碎牙，嘴角已满是蚯蚓样的血蜿蜒滴下。疼痛反而刺激金娃有点儿清醒，他努力高举逗宝，引导姬家那支疲惫已极的龙灯队。朦胧中，他看见金锁舞到了跟前，打一照面，他的脸已白得像死人一样。

冬天的第一缕阳光照至，神案上的龙金红光一闪，刹那间俨然一块凝血。突然，人们看见金锁像中弹的野兽一样停住，口鼻俱狂喷热血，猛地扑倒在地。空气中仍有一丝血雾在晨光里弥漫，挥散着一股难言腥气，与喧嚣了一夜的地气晨雾慢慢融合在一起了。

赤龙胜了，胜得艰苦；黄龙败了，败得悲壮！

一片沉寂。姜根荣突然在人群中大吵大闹，忽而哭自己的儿子，忽而叫如果金锁死了有人要偿命。

金娃眼看着金锁倒在了地上，嘶声叫着，疯了一般仍旧狂舞

不止。偌大的紫烟河谷顿时空荡高远起来，众人俱默然无声，目光沉甸甸地罩住姜、姬龙灯盘绕的赤、黄两色场院。片刻，龙神举手示意，几个姜姓族人醒悟过来，跑上去欲将金锁抬走。金娃却醒悟一般"嗷"地一声向仆卧的金锁跳扑过去，没走几步就摔倒在地。他在地上滚着爬着挪向金锁，随即眼中一片模糊。未及爬到金锁身边，金娃眼前就蓦地一黑，随后就什么也不知道了。

五

金娃被当做英雄在家里补养，心里还惦记着金锁。爹不让他出门乱跑，他就让来看望他的表姐曼儿去打探消息。听说金锁没有什么大碍，吃了龙神的几服汤药，恢复得很快。曼儿姐说又不是在他家由他爹呵护，是龙神老人让人把他抬到自家炕头上，谁有啥不放心的？

"好儿子，你真为咱老姬家争气呀！来，咱爷俩干了这一碗！"金娃爹让高兴的酒气熏蒸得满脸红透，大滴大滴的汗珠子浸润了全身。

"爹，咋的——咱姬家和姜家老不对付呢？"金娃学了爹的样，闷了龙神爷给他配制的半碗高粱药酒，辣呛得直咳嗽，血往枣红色的脸上涌，儿马般直喷鼻儿。

"这话说起来倒长了。"姬根生的声音顿时透出远古的苍凉和久远。他放下筷子，用蒲扇一般的大手抹了一下嘴，话音如泉水一般翻涌："黄帝姓姬，炎帝姓姜。这姬家和姜家本是黄、炎两帝的后代，你都知道了对吧？照理说，炎、黄本是一家，手心手背都是肉，合该自己疼自己。但是你知道吗？古时候炎、黄也是两个部落呀！

黄帝打败了炎帝,这才统一了华夏。姜家败是败了,但争斗的心性没败!"

"牙咬嘴唇——自个咬自个!什么劲儿啊。"

"孩娃你说的对,但别人不这么想呀。不但是姜家,就是咱们姬家人也是如此。"

"要是我当了族长,我就要姜、姬两家永远和好!"

"有志气!不过,只当族长可不够,天下姜、姬两家的人多着哩。你得——当皇帝!"

"当皇帝?"

"对!现在叫委员长了。一个样!"

"爹,你信那龙金'真龙天子'的传说了?"

"信不信还在其次!老百姓盼的是天降明主过过好日子呀!"

金娃放下酒碗,田地里青秆绿叶的苞米样沉默良久。突然,他想起了什么似的喃喃自语:"金锁的伤也该好得差不多了吧?"

金锁伤是好得差不多了,他从龙神处由曼儿姐送回到家里。金锁爹不在家,曼儿姐手脚利索地帮他熬上了中药,坐在一旁守候着。金锁则躺在炕上迷迷糊糊睡着了。他做了一个奇怪的梦:太阳正红红挂在中天,突然,又有一轮太阳从地面上升起,直逼空中的太阳。天上顿时像下了火,金锁被烤得燥热难当……这时门被推开了,一阵生人的气息扑面而来。金锁睁开眼睛,看到又多日不着家的爹左手烧鸡、右手白干,油光满面走了进来。身后还跟了两个人。年长的40多岁,中等个头五短身材。另一个是十六七岁的孩娃,从脸形身材来说,一看就是年长者的儿子。金锁向门外瞅一眼,看到了一副担子,心知他们是货郎。

"哎呀!曼儿也在这儿啊——"爹的眼睛叫春猫似的在曼儿姐的身上扫来扫去。

"金锁，我走了。"曼儿姐的脸像红红的高粱一样垂下头，走出门去。乌黑油亮的大辫子开花藤蔓般在门口一闪不见，留下一片厚朴鲜亮的馨香，在屋子里缓缓飘散着。

金锁爹的目光恋恋不舍地从门口收回，吆喝着："金锁，起来摆桌子！"

"来了。"金锁爬了起来，把桌子拿来放在炕上。

"这是我新结识的朋友，烧鸡白干都是他卖的。"

金锁没说话，只是点了点头。

"快上炕！快上炕！"姜根荣热情地催促货郎父子。

毕竟还是元气未复，金锁又回到了炕头上，卷着被子往边上缩了缩，目光在货郎父子身上扫了一扫。货郎浓眉长眼，长得明显和本村人不同，透出十足的狡黠与精干。儿子与金锁年龄相仿，长相和他爹一个模子扒下来一样，那双眼睛比他爹的都大，他正用眼睛细细地观察着金锁。

货郎儿子的目光亮晃晃的，噼噼啪啪投在金锁身上脸上，金锁就觉得如看了高悬的日光一样灼眼，不由得眼睛眨了几下。顿觉这货郎父子有点怪，怪在哪里，他自己一时也说不太清楚。

"咱这紫烟河谷，是宝地吧！我会哄你们？正月十五龙灯会上姜、姬两大姓争的就是那条龙金，我儿子金锁捡到的，这回信我了吧！"爹喝点酒，脸就红得发紫。他瞅见那货郎父子听天书一样不眨眼地盯着自己，就愈加兴奋："那是千两龙金呀！眉眼活泛、头角齐全，还有那鳞爪……啧啧，简直就跟活的一样啊！"

货郎父子听得直不愣登，两眼野狼一样发放红光，将姜根荣的全身团团笼罩住。

姜根荣回头对金锁说："你也别泄气！楚汉相争之始，汉高祖刘邦那也是项羽手下败将。后来怎么样了，还不是刘邦得了天

下！"

金锁又看了看货郎儿子，发现他看自己的眼光夕阳一般弱了下去，分明带有了几分鄙夷，就闷哼了一声闭上了眼。

吃完午饭，货郎父子就挑着货郎担子，摇着拨浪鼓走到街上去了。他们担子上挂红缀绿，针头线脑、手帕头油应有尽有，在日头下鲜亮得耀人眼目。五颜六色魔线般顺着阳光抛发出去，向着村里所有地脚射去，将有些人的心尖子就系住了，拽拖得大姑娘小媳妇唧唧喳喳直奔担子边上来。金锁琢磨着那货郎父子心思不在生意上，尽和人闲唠嗑。听人说，讲的都是紫烟河谷的金子。

金锁抬眼望了望天，冬日的太阳在无风的天气里煦暖着，一杆一杆地插进村人怀里，让所有的人有了春天来临的幻觉。

晚上，货郎父子借住在金锁家。一天三顿有酒有肉，也都是货郎父子掏钱，高兴就时不时给他爹几块银元。爹直着眼将银元凑在嘴边，吹出"嗡"的响声，就好似耳眼里伸进了一个小耳勺，舒服得鼻子眼睛挤在一块。连着几天，货郎父子挑着担子早出晚归，踢踢踏踏，把一大一小的脚步声在这紫烟河谷印了个遍。晚上金锁睡不着，在烧得滚烫的炕上翻来覆去地烙饼时，常听那爷俩用一种他听不懂的话在"叽哩哇啦"小声嘀咕什么。金锁也就装睡，想细听他们说什么。货郎父子谨慎，说几句就不说了。

第三天晚上，金锁是被自己的咳嗽声惊醒的。睁眼一看，货郎父子竟都不见了。爹倒是酒足饭饱睡在那里"呼隆呼隆"像个死猪。初时，金锁以为他俩去方便，可等了足有半个多时辰，货郎父子还是没回来。

金锁觉得不对，便穿衣下炕，把门打开。寒夜冰气混杂着外边石头上的白霜味儿迎面扑来，把月光急急地铺在了门里面。他从门口向外探出一只脚，顿觉北风吹得浑身往骨头里冷，把门的手不

由地抖动了几下，躺在地上的身影便被月光剪裁得晃晃悠悠。他朝漆黑的夜空张望了一会儿，看到姬家宗祠上冒了几个火星儿。揉揉眼睛细细一看，是一股冒火的烟气。不一会儿，那火星儿就变成一溜火龙直冲天上。

他连忙朝姬家祠堂跑去，一边大声喊道："姬家祠堂着火了，快去救火呀！"

正在此时，他发现前面有两个黑影，一晃就不见了。定睛一看，那两个人分明是蒙面的，已绕过街角，沿着曲溪向通向村外的方向跑去。月光下金锁看得清楚，那黑影一大一小，活脱脱那货郎父子。

"喂，跑啥？"金锁喝问一句。

那两个蒙面黑影闻声不但不停，反而跑得更快了。高个儿肩上好像还扛着一个什么东西，很重的样子，脚下"扑通扑通"踩得黄沙腾起一溜烟儿。布包颠开缝，一星黄灿之光在月光下闪过。

"贼"！金锁的脑海里马上闪出这个字眼。他大喊一声："抓贼呀！"

这时，已有村人被喊叫声惊醒，他们拿起家伙准备去救火。听得金锁喊叫，便朝黑影追去。

金锁不知从哪来的一股力气，他飞快地朝前追去。路过金娃家的时候，他大喊："金娃，快出来抓贼呀！"

跑不多远，金娃就从家里出来追上了他，一边系着衣襟纽扣。

金锁说："你看，那贼身上扛的莫不是咱们的龙金吧？"

金娃远远瞅着，心里咯噔一声响："我看就是！"

言罢金娃便和金锁发了疯似的向前追去。这时，村头儿的人们被惊出来了，报警锣声"咣咣嘟嘟"响遍，化作鸟兽放开了四脚拍打着翅膀往人梦里闯。村里所有的要道顷刻响起了人们围追堵截的脚步声。

龙神在柏源村的设计上是动了一番奇思妙想的,里面包含了八卦玄理。故此,一高一矮二人虽然走遍了柏源村,还是不能参透其中的奥妙。是以村人把守住生门,货郎父子就像被围住的野兽一样怎么也逃不出去。他们也知道自己身负重物跑不动了,就连忙掉头朝藏金山的方向折去。那重物由高个换至矮个身上。矮个跑得也不慢,转眼就到山根了。金娃忙喊金锁快点儿,人进丛林就不好找了。

金锁身体尚未完全恢复,跟不上来。金娃激眼了,他大吼一声,提醒后面的村人,一马当先,疾风一般追了上去。

那高个迎面截住他,一言不发,从腰间抽出一把雪亮的短刀照金娃就砍了过来。金娃左躲右闪,左臂还是被那人的刀划了一条不深不浅的口子。

"这不是善茬,我来对付他。你赶紧去追前面那小子,他扛着东西跑不快!"金娃对赶上来的金锁说。

金锁应了一声,向前追去。那人闻言舞刀要去砍拦金锁,金娃马上接了过去,施展拳脚与那人缠斗了起来。

前面那小子毕竟扛着东西,上山的路又陡,跑了几步就跑不快了。金锁虽然伤势尚未痊愈,但那山是常爬的,他几步赶了上去,飞起一脚就向那人的腿弯处踢去。

矮个人被踢倒在地,却毫无败相,放下东西,一个就地十八滚跳将起来,一对拳头如暴风骤雨般地向金锁进击。金锁挥拳接招,两人斗在了一起。

金娃那边是险象环生。高个人刀法凌厉,刀刀凶狠,疾如闪电。一眨眼的工夫,金娃的身上就被划破了七八道口子。若不是金娃躲闪得快,早就没命了。

这时,姜、姬两家族人已举着火把,呐喊着追了上来。金娃趁

高个人心神不定之机，手中一颗飞石击出。只听"哎哟"一声，高个人猝不及防，手中刀被击落，急忙招呼矮个人，转身就往山上跑。矮个人听到信号，虚晃一招，一伸腿就把金锁扫跌在地，抢过地上的东西，也随着高个往山上跑。

这时，金娃爹姬根生豹子一样赶了上来。他步伐敏捷，速度飞快，很快越过了金娃金锁，截住了那两个贼。

高个被迫停了下来，与姬根生拳脚过起招来。金娃爹是姬家一等好汉子，有一身过人的武艺。那高个也不是省油的灯，刀刀凶狠要人死命。一时间，两人不分高下，电闪雷霆旋风般斗在一起了。

金娃和金锁追上去，两人一前一后追上了矮个人。奔跑中蒙面人脸上的黑布掉了，两人一看，果不其然，这小子就是货郎儿子。货郎儿子见逃不掉，便拼命举起龙金向金锁砸了过来。金娃一颗飞石早过去了，正中对方手腕。货郎儿子手中的龙金坠地，他见势不妙，丢下龙金转身又逃。

金娃追了上去，金锁趁机把龙金紧紧地抱在了怀里。

货郎儿子听到身后脚步声临近，猛地低头回身抓住了金娃的一只胳臂，转身就要摔金娃。可金娃力大，反而脚下一绊把对方扫倒在地。金娃穷追猛打，没等货郎儿子爬起来，又当胸一脚把他踢了一个大趔趄。

这时，那货郎且战且退，一把拉起了儿子，两人拼命往藏金山山尖上逃。待众人追上山去，那父子俩竟一咬牙，从山上滚了下去，那后果恐怕是非死即伤。众人见龙金未失，也就罢手了。

这时，龙神爷赶到了。当他听说货郎父子逃脱的消息，长叹了一声，黯然说："这货郎父子我见过，定是探子无疑。放虎归山，必有后患呀。咱柏源村怕是再无宁日了！"

事后龙神爷召集姜、姬两家议事,据回忆分析,那货郎父子是借卖货之便,打探清了龙金藏在了姬家祠堂里,便趁夜黑用迷香迷倒了守护的姬家汉子,把龙金偷了出来。龙神严厉叮嘱姬家要加派人手,亡羊补牢,今后定要看护好龙金。姬家经历了这一场大变故,也就吃一堑长一智,加强了龙金的看守,再没发生过类似事件。

六

日子庄稼一般齐刷刷地长着,青养黄割,转眼又是冬至时节了。今年的冬天全然不像冬天,都什么时节了天气还暖暖的,水也不上冻,反倒让柏源村人觉得浑身不自在。金娃金锁在龙神爷的私塾里白日习文晚上练武,不知不觉就溜了号儿。这几天山外的炮声一直在隆隆不断地响着,像遥远沉闷的雷声。龙神爷手拿给两个孩娃讲授的《论语》,把眉头皱成了一个山重水复的"川"字。说是东洋鬼子打过来了,没人料到东洋鬼子会来这偏僻的紫烟河谷。可鬼子说来就来了,而且这般神速。

百余名日本兵把全村人赶到村头空地上集合。趁着纷乱,金锁和金娃又走在了一起。他们斜眼看日本人的刺刀在清冷的晨光中闪了一闪,天上顿时虚晃出两个日头来。金娃惊异地定睛看时,冬日凛冽的寒风便锥心刺骨地刮将起来。

一个自称岛村武夫的日本军官眩目地挥舞着两只戴白手套的手,开始训话:"我们大日本帝国是来帮助你们的,你们不要害怕。我们将用先进技术帮助你们开发金矿,改变愚昧落后的现状,你们必然会过上安定富裕的生活。我们的目的是要建立天皇统治下的大东亚共荣圈……"

金娃惊诧于那小日本的中国话讲得如此流利，就觉得有几分熟悉。盯着岛村翕张的嘴巴，人们就不由得想打喷嚏。实在忍不住了，就"啊哧"地一声打将出来。村人们都认定这像是岛村嘴巴里发出来的，在空气中飘荡着令人讨厌的气味。

这时，一个身穿和服、腰挎两把战刀的日本孩娃走出来，将两把什么东西撒向人群。仿佛是秋收季节的一阵冰雹，乱糟糟打在村人头上身上。金娃金锁接住几颗，定睛看时，是裹着花花绿绿玻璃纸的日本糖。金娃目光一闪，正待开口。金锁碰一下他的胳膊，悄声说："是那货郎儿子！"

人们这才想起龙神的判断，明白货郎父子是日本探子。

人们耳边不断响着岛村的讲话，都脑子里乱哄哄地，没听进些啥。过了一会儿，只听"嗡"地一声，原来是散会了。回家的路上，日光一杆一杆照射在柏源村的黄沙地上，两个孩娃心里有气，把脚下的日光踢得噼啪作响，碎成残花败柳。顺手把糖抛给了迎面而来的两条狗。狗敏捷地接住了，在嘴里嚼了几下，一甩头吐在地上，不满地"呜呜"了几声。

金锁弯腰捡起一块卵石递上来，金娃顺手接过，朝天上挂着的日头使劲儿扔去。卵石如箭矢穿破层层丝绸样灿烂的日光，瞬间消逝不见。眼里的日头便好似中箭般剧烈震颤了几下，摇摇欲坠，日光陡然闪亮，血液样在两个孩娃的脸上身上。极远处传来了一声若有若无的愤怒的惨叫。

"站住！"身后一声大喊。

金娃和金锁回头看时，正是那日本孩娃。

"干啥？"金锁没怵他，粗嗓大气地问。

"那天晚上打我一石踢我一脚，白打了？"日本孩娃狂傲地指着金娃。

"嘻嘻。"金锁笑,"偷金子的贼也敢来叫号了?"

那日本孩娃脸上顿时像挂了一张红布,却强自辩白:"现在就不叫偷了!"

金娃沉着脸不动声色,目光冷峻地在心里掂量着对方的斤两。那日本孩娃也不甘示弱地把粗眉长眼瞪成了牛铃大小。

金锁见日本孩娃身后没有日本兵跟着,也就不怕他。他扬声道:"要想和金娃打,先得过了我这关!那天晚上我伤没好,让你拣了便宜,今天我也一并讨回来。小子,我金锁手下不打无名之辈,快快报上名来!"

"大丈夫行不更名,坐不改姓,岛村龙太郎是也!"日本孩娃的中国话说得挺溜道,他晃晃手中的两把东洋刀。

"让我打头阵,试试他的深浅。"金锁低声对金娃说,龙太郎准备迎战。

"别着急!"金娃拦住金锁,回头对龙太郎说,"你先把刀放下!"

"也好。"龙太郎把东洋刀放在地上,说,"拿刀算我欺负你们。"

待龙太郎准备好了,金锁就"呀"地一声向龙太郎冲了上去。

那龙太郎不慌不忙,让过金锁的拳头,一胳膊勾到金锁裤裆下,一下子就把金锁扛了起来,在地上疯转了几圈,然后一扭身就把他结结实实摔向地面。

金锁身手敏捷,在空中一个翻滚,双脚稳稳落在地上。他拳头佯攻,一脚踢向龙太郎的小腹。那龙太郎左手挡过来拳,身子一闪躲过来脚,一个扫堂腿反而把金锁扫了一个趔趄。没等金锁站稳,龙太郎一个转身背麻袋就要把金锁背摔过去。

金锁运力后坐,龙太郎背不过去。反而让金锁把龙太郎紧紧

抱住,拼命地往地上摔。两人左撕右扯僵持了一会儿。金锁力大,早从身后抱到了龙太郎的腰,一使劲儿就把他抱得双脚离地,眼看着龙太郎必倒无疑。没承想,龙太郎的脚腕灵活,一个倒勾,别住了金锁的腿,一使劲儿,两人便同时摔在了地上。

金锁起身还想上,金娃一伸手就把他拦住了,对龙太郎说:"咱们打归打,可也得有个输赢规则。"

龙太郎说:"那是自然!"

"先说你输了怎么办?"

"我输了,先前你踢我的一脚一笔勾销。咱们从此各走各路,井水不犯河水。"

"我俩输了呢?"

"那我就是你俩的王!今后我说怎么你们就得怎么,全都听我的。"

"就这么定!"

"不过。你不能用你的飞石暗器。"

金锁抢着说:"你吃了亏也不能把你爹和日本兵叫来。"

龙太郎说:"我们大和民族崇尚武士道精神,输就是输,赢就是赢。全凭自家本事,说话算话!"

金锁和龙太郎两人继续拉开架势对峙着,在眼仁里打量估算着彼此的分量。金锁已从中品出来味道:这龙太郎跤摔得好,沾上就倒,要想赢他,不能叫他近身。

龙太郎吼了一声冲了上来。他伸手就想扯金锁的领子,叼他的腕子。

金锁手一晃,身子一闪,脚脖子上却中了龙太郎的一脚,疼得闪了一闪,差点蹲下来。这小鬼子,还真有两下子!金锁断定自己那里一准起了个大青包。

中国功夫讲究"南拳北腿"。金锁就用了"手似两扇门，全凭脚打人"的办法，长腿踢击凶猛有力，让龙太郎不能近身，这给他造成了很大威胁。

龙太郎一招得手，舞动双拳暴风骤雨般向金锁进击。金锁脚尖一摆，龙太郎就把目光盯在了金锁的脚上。不曾想，金锁避实击虚，迎面一掌，将龙太郎拍得后退几步，捂着脸。待他放下手的时候，鼻血已涌了出来。

龙太郎吃亏红了眼，再次拼命向金锁冲来，他经过了这次重创以后，竟像受伤的野兽一样更加凶猛。龙太郎身体一晃，就抓住了金锁的双手。他大喝一声，把金锁扯到跟前。他手上使劲儿，脚下一绊就把金锁摔了一个大马趴。

金锁这一下子摔得很重，手摸屁股，疼得龇牙咧嘴不服输。他不服输，猛地爬起来向龙太郎冲去，谁想到龙太郎抓住他的左臂下了死手。金锁只觉得手臂"嘎巴"轻响，一阵剧痛，自己就摔倒在地。

金娃赶紧跑上去，把金锁脱臼的胳膊接上去。

这时，龙太郎阴森森地又向两人逼来。他抹了一把自己的脸，整个脸上顿时血和黄土混合，简直像京剧里的大花脸，却透着一种恐怖的气氛。

"慢着！"金娃拦住他，"咱俩来！"

"咱俩来得来这个！"龙太郎狞笑着说。他从地上拿起把东洋刀，把另一把踢给金娃。

金娃脚尖一勾，刀飞向半空，他举手过头潇洒地接过刀，双目炯炯盯着对方。龙太郎既然想和他比刀，必是擅长刀法，不可轻敌。

只见龙太郎叉开双脚，身体微蹲，双手缓缓将刀举过头顶，一改刚才和金锁比拼时的模样，显然是把他当做劲敌。他的目光比

刀还雪亮锐利,直直地向金娃的眼睛里射来!

金娃一愣,他在龙神爷的指导下学习刀功剑法,却从没看见这样古怪的招式。就在这琢磨的一瞬间,他看见龙太郎的眼里闪出一丝嘲弄。金娃猛地收回心神,耳边似乎响起了龙神平时训导他的话:"武者有五敌。恐惧之心,执著之心,傲慢之心,爱恶之心,仁慈之心……"想到这里,他心如止水,让自己成为深不可测广阔无边的大海。

龙太郎的身体仿佛与刀合二为一,化作了一座纹风不动的峭拔尖山。他的眼神凶暴、残忍,充满了腾腾杀气,刀气似乎已经砍在了金娃身上。

金娃脸色黝黑中带着旺盛血气,明澄的眼瞳里卷起千顷巨浪,波涛旋转吞吐不断,将龙太郎的剑气化为乌有。

金锁在一旁也感觉到了无所不在两股刀气,他的呼吸变得重浊,感觉空气仿佛黏滞起来,编织成了一张看不见的网,让人紧张得透不过气来。

龙太郎的脸上突然闪过了惊疑之色。他深吸一口气,目中闪出怒火,火中燃着强烈的争胜雄心。金娃感觉到刀刃的杀气尖锐地砍来,他眼中的龙太郎,像一座瞬息挟着雷电气势的迎头崩塌而下的高山!

金娃的心中陡起震天动地的海啸,那力量无坚不摧,包容一切又可以毁灭一切,充满了不可战胜的胆略。他的刀势又如夕阳下沉时一样从容,让龙太郎永远无法准确地断定它在哪一瞬间刚好完全隐没在地平线下。

龙太郎突然大喝一声,举刀向金娃砍来!

金娃亦同时举刀迎上!

"啪!"

电闪雷鸣般的一声脆响,两把刀终于砍在了一起,却同时断为两截。

龙太郎不相信似的看着手中的精钢断刀,那刃面上分明映照出的是半拉残阳,毒辣辣直刺进他的心底。他垂下头怪叫了一声,发狠似的把手中断刀扔在地上,转身一晃一晃地回头走了。

"噫?"金锁奇怪地问道,"他怎么走了?"

"……"

"没想到这小子还有两下子。"

"龙太郎是一个可怕的剑道高手。"金娃把手中的断刀扔插在地上。

"我还是不明白,他为什么不用断刀继续比下去呢?"

"刀断了,他气势也就断了。"

"那还是咱们赢了?"

"应该说是胜负未分!"

"真没想到,你的功夫进步得这样快。"

"那还是龙神爷教得好!"

"这王八蛋会不会找他爹和日本兵报复咱们?"

金娃想了一会儿,说:"也许不会,那龙太郎看样也是个汉子。不过,就算他们那样,咱也不怕,事先讲好的,他们好意思反悔?"

他们回去马上把事情对龙神老人讲了。龙神爷说:"凡强盗都出尔反尔,你们俩千万小心。"

过了好长时间也不见龙太郎来报复,金锁金娃两人便把在半空晃晃悠悠的心稳放到肚里去了。

七

"怎么样？我姜根荣也当官了,管着柏源村姜、姬两家几千号人哪！现在还有谁敢说我不着调了？"金锁爹被日本人任命为维持会长,瘦腿公鸡一样在柏源村的土路上晃来晃去,回家在金锁的面前也扎撒着看不见的鸡翎。

"人都在背后骂你是汉奸,有什么好炫耀的！"金锁嘀咕着。

"别管人家怎么说,他们那是当不上眼气！说一千道一万,还是你爷爷的坟地葬得好！"

姜根荣突然又想起了什么似的说:"金锁,晚上把曼儿给爹叫出来。"

"干啥？"

"你娘都死了好几年了,爹孤单呢——"

"……"

"爹大小是个会长了,也该再给你找个娘了。"

"爹！可你能当曼儿叔哩！"

"她姓姬,我姓姜,两姓人哩。"

"曼儿叫你叔哩！"

金锁爹拂袖怏怏地走了,他从家里这一走就不回来了,赌气住在了维持会里。过了几天,村里便传出了一个让人万分惊诧的消息:金锁爷爷被人抢去的狗头金找到了！杀人夺金的凶手就是姜家族长姜枚信。

日本人来了以后,姜、姬两家就只能吃包米面或橡子面了,不许吃大米,吃了就是"经济犯",皮鞭抽辣椒水灌甚至会被杀头！

这天姜枚信过寿,他的小孙子从厨房里拿了荷叶包的大米饭团,趁乱走出门去,在柏源村的孩娃面前边吃边炫耀。被经过的日本人逮个正着。姜根荣闻讯领来日本兵前去抄家,不仅搜出了大米,竟还发现了失踪多年的狗头金!

刑讯之后,姜家族长供认:当年是他见金锁爷爷得了金子起了歹心,便趁夜黑蒙面去抢狗头金!没想到假着嗓子也被听出来了,他就杀了金锁爷爷灭口。回头谎称看见蒙面人跑进了姬家,挑起械斗搅浑河水。在金锁爹的强烈要求下,姜枚信被杀头抵命。姜根荣想当新族长,因族人的一致反对没当上,结果是金锁堂叔姜根贵继任。搜出的狗头金却被岛村拿去了,姜根荣要了几回都没要回来,不敢强要也就罢了。

又来了一伙儿肩扛三脚架手拿小铁锤的日本人,柏源村的孩娃们不敢靠前,远远地看稀罕。日本人在紫烟河谷和藏金山上整天晃悠,还能看见岛村和儿子龙太郎在他们中间比比画画。说是日本人找到金矿了,就是藏金山峡谷的温泉处。金娃金锁都悔,悔得肠子都青了,想该在那天晚上把岛村、龙太郎父子逮住浸猪笼才对。

接着日本人就办起了金矿。金锁爷爷的"龙穴"早被日本人挖了个底朝天。白花花的骨头扔了满地,在亮晃晃的大太阳底下暴晒。

"我操他日本人八辈儿祖宗呀!这挖人祖坟的事儿他们也干得出来呀——"姜根荣只敢在家里哭天号地。

"日本人这么对咱,你还替他们卖命?"金锁恨恨地说。

"爹这是上了贼船了,敢不去?狼狗掏了你的膛!"

他连忙去找岛村哀告才算把金锁爷爷的骨头收集齐了,另找了个地方草草埋了。但骂归骂,第二天还得乖乖地去给岛村当孙子。金锁这才意识到，那龙穴地和真龙天子像梦一般醒过来就无影无踪。一件原本让他觉得那么大那么奇妙那么神圣的事儿化作了一缕青烟，恰似一个重担卸下肩来，他突然觉得浑身轻松，好像他和金娃之间的隔阂都随着坟地的被挖而烟消云散了。金锁把这件事彻头彻尾地跟金娃说了一遍，希望得到金娃的谅解。

出乎他意料的是，金娃不但没怪他，还把自己的爹也有类似想法的事儿告诉了金锁："大人们为什么非得让咱们成龙成凤才高兴呢？我是压根儿不信！"

"其实谁稀罕呢？"金锁也附和道。

"不，咱炎黄子孙不就是龙的传人吗？"

"……"

"还得有人成龙呀！"

"金娃，要是你以后真的当了皇帝呢？"

"那你就是千岁爷！"

"如果我当上皇帝了，那你也是千岁爷，我们俩永远都是好兄弟！"

"龙神爷说中国的老百姓太苦了，太应该让他们都过上好日子了。"

"好——"

姜、姬两家族凡能干得了活儿的人都成了日本人的矿工，金娃金锁也在开采金矿的人群之中。紫烟河谷通了火车，金矿石就被日本人一车皮一车皮运到山外。一场大雪过后，从山上望去，就像白布上蠕动的一串毛毛虫。姜、姬两家的怒气被压在心底，似冰下的激流。终有一天，金娃爹憋不住了，和几个血气方刚的后生一起打死了监工的日本兵，跑到藏金山里，拉了一支队伍和日本人对着干。岛村便召集手下，牵着狼狗进山里搜扑，在藏金山里打了一仗。

日本人的三八大盖、机关枪"呼呼突突"响了一整天,就有死的伤的柏源后生被日本人押运回来。死的暴尸三日,活的被砍了头,挂在树上示众。这里面没有金娃爹。

转眼腊月又至,这时出了一件大事儿,仿佛巨石砸进曲溪,引起轩然大波:日本人要在元宵节与姜、姬两家赛龙灯,胜者永远占有龙金。

"你爹真不是个玩意儿!认贼作父,肯定没什么好下场!"孩娃们纷纷骂金锁,"就说那龙金吧,本来你和金娃长大后一人一半,多好?可现在日本人借赛龙灯的名义要动抢。他们有刀有枪,理在他们嘴里,这不明摆着咱们要输吗?这事儿八成是你爹给日本人出的鬼点子。你爹真是个汉奸加败家子!"

别的伙伴骂金锁,可金娃不嫌弃他,并且向大家多次说明:"爹犯死罪儿子也得杀头吗?金锁跟他爹两码事儿,不一样!"

伙伴们信服金娃,不再说金锁什么了,仍然在一起玩。

他们倒是常常看见龙太郎。有的孩娃听见他在无人处唱日本歌儿:一只孤独的火狐,赤焰般在山上奔跑。秋天的树叶,在田野里燃烧。回首遥望北海道,我的故乡路途遥遥。流浪的男儿,何时是归期?……有时他一个人牵一条和他一样高的大狼狗,远远地朝这边观望。那狼狗凶,它大摇大摆地走过村庄人群时,吓得小孩子们直往后退。但当金娃、金锁等一群孩娃们注意他的时候,他便扭头牵着狼狗走了。

这天傍晚,有了空闲时间,伙伴们又聚在了一起。正遇上姜根荣慌里慌张从龙神家里跑出来。刚才他去向龙神转达岛村的最后通牒,被龙神用拐杖打了出来。

"走!去跟爹吃肉喝酒去!"他见到迎面而来的金锁又神气起来。

"是你出的点子要把龙金送给日本人？"金锁盯着姜根荣问。他看见倾斜的日光把爹干黄的脸映照得沟沟壑壑，霉气就在沟壑中浓烈地升腾着。

"我……哪有这样的事儿。"姜根荣表情复杂，嘴里像含了块糖豆。

"那你为什么不拦着他们？"

"爹只不过在他们手底干事儿，那日本人是吃素的吗？有我说话的份儿吗？快跟爹去喝酒吧，一醉解千愁呀！"

"我不去！"金锁脖子一梗，就要跟伙伴们从姜根荣身边闪过去。

"兔崽子！"姜根荣举起手臂打向金锁，却被儿子抬起的手臂挡了一个趔趄。

"我没有你这个爹！"金锁双目充血地吼道。

"没大没小不认你爹，好！老子今日打死你！"姜根荣脖上青筋跳起，狂扑上来。

"滚！"龙神的拐杖及时打在了姜根荣挥起的手臂上。

姜根荣望着周围孩娃们辣椒一般火辣的目光，脸上已是青一块白一块。他又望一眼儿子那冷漠的眼神，身形便更觉矮了下去。

他冲着金锁张了半天嘴，还是什么话都没说出来。最后把喉间险些噎着的一口痰咽进肚里，背着手灰溜溜地走了。

龙神脸上被乌云覆盖一般，阴沉得像要滴出水。他顺着姜根荣遁去的道路向前走去，那是通向岛村的兵营。

"龙神爷，你到哪里去？"金娃喊。

"回家告诉你爷，我找岛村评理去！"龙神回头喊了一句。

孩娃们看着龙神爷向前走去。夕阳半隐在藏金山两个山峰的凹处，把最后的光亮血一般倾泻出来，显露出龙神爷刀刻似的剪

影，又缓缓漫至金娃、金锁的身边来。一眨眼的工夫，夕阳完全隐没，天色渐渐黑将下来。

龙金是中国人的龙金，日本人无权插足！龙神找日本人评理，却被岛村下令关了起来。他扬言中国人如果不答应赛龙灯，就把龙神当做反对皇军的罪犯砍头示众。金锁听他爹回来讲，这主意是龙太郎想出来的。依着岛村的心思，就把龙金强抢了去！龙太郎翻出一本《孙子兵法》，说什么"不战而屈人之兵"，说得岛村"哈哈"大笑，高兴得直拍他儿子的肩膀叫"哟西"。

灾难像秃鹫的翅膀掠过，灰暗了姜、姬两家的天空。到底答不答应日本人的条件？明知日本人是想借机强取豪夺国宝，为了救龙神却不能不答应，没有龙神的灾荒年救助也就没有两家的今天。最后，在金娃爷姬延奉和金锁二叔姜根贵的倡议下，姜、姬两家决定答应日本人的条件，姜根荣受日本人的挟制自是不敢反对。龙神遍体鳞伤被放回来了，回来后"唉"声一掌拍在自家的八仙桌上。起掌一看，竟留了一个骇人的深深掌印，烙上去似的。众人闻听纷纷去看，看后均默不作声。都觉得掌印烙在了自己肚里，咽一口吐沫在肚里，肚里烙下的掌印便"哗"然作响。

比赛前的准备工作在一种秘密而沉闷的气氛下进行着。经打探，这支日本人的军队来自于他们的一个"龙灯之乡"，舞龙技艺号称本土之冠。难怪日本鬼子有恃无恐，想大耍威风，灭中国人志气，让姜、姬两家臣服。听说，龙太郎还点名让金娃做逗宝，和他对阵。

"他想报一石之仇！"金锁说。

"他想得远远不是这些！"金娃拉着金锁朝龙神家走去。

"龙太郎不是善茬，你可千万要小心。"金锁瞅着金娃的脸。

"该防的是岛村，那才是个老狼！"金娃话音落时，龙神的家

049

门已在前方。

进得门去，两个孩娃看到姜、姬两家族长正分坐两旁，龙神端坐正中，便自然肃穆了神色，分别站立在龙神爷左右。他们知道，一个决定龙金与柏源村命运的极重要会议就要召开。

龙神一脸庄重开口道："小日本要同我们争夺龙金，你们两家准备怎么办？"

姜、姬两家族长异口同声："坚决不能让小鬼子得了龙金！"

姬延奉开口道："姜、姬两家该选出一家来与之对阵，我看小日本没啥了不起的。"

姜根贵随即道："去年耍龙灯姬家虽得了胜，但只是胜在体力上。若论花样技艺，姜家也略高一筹，该让姜家也露露脸了！"

姬家族长道："话不能这么说。灯会即是战场，必须选我们两家最强的上场，再说，败者何复言勇？若是姜家又在体力上输了，不但龙金丢了，中国人颜面恐怕都要丢尽了！"

姜家新族长满脸涨红："骄兵必败，哀兵必胜，这是兵法常理！姜家子弟苦练了一年，早就准备与姬家一决雌雄了。这回与小日本斗，若失了龙金，我当以头谢罪！"气氛顿时紧张起来了。

这时，龙神开口了："我琢磨着，日本人是动了心思的了。'家不和，外人欺。'他们必然知道咱们姜、姬两家时有不和，定会趁机挑衅。日本人有备而来，不可轻敌。姜、姬哪一家单出龙灯队，我看把握都不大。要想取胜，姜、姬两家必须联合起来，一条大龙共同对付日本人！"

屋里良久缄默，空气凝住。仿佛古松上的一团松脂落下来，将龙神同姜姬两家包裹住，成静止千年的琥珀。

这时，金娃开口了："大家都明白，日本人是咱们姜、姬两家共同的仇敌。如果我们还执迷不悟，不能携手对付日本人，那结局必

将是被日本人各个击破而土崩瓦解的！"

金锁也和道："金娃说得对，我们两家不能中了日本人的圈套。龙金能不能保住，全看你们大人的了！"

仍然是无休止的沉默。

"好！两家共同抗敌！"姜、姬两家族长互看一眼共同决定。他们的声音石破天惊，令人联想到黑黑的矿洞里，一镐下去，石壁破处倾泻出无穷无尽的梅花金。

八

冬日傍晚的落日一尽，夜色就漫天遍野流淌过来。

元夜龙灯大赛如期举行，村里所有的人都得参加，家里统统不能留人。日本兵喊着喇叭，挨家挨户砸门，连拄杖小脚的80岁老头老太都被驱赶了去。村人们携幼背老逃荒般来到历年龙灯赛场地，看日本人炫耀般地把电灯拉在紫烟河谷的空地上，照得四周如同白昼。姜、姬两家的小声议论连成了一片："那么贵重的宝物，你说它真个就能叫鬼子赢去？"

"舞多少年头了，这又练了这么多天，就那么熊包呀？"

"咱这有龙神爷在，除了洋枪洋炮鬼子岛村他懂个啥？"

"别吵吵，今儿日本人来得可不少呀！"

一个老汉问身边的人："你看输是看赢？"

"我呀，看输！"

"怎么讲？"

"赢了就是乱子呀！"

"胆子小得像兔子！我看不见得吧。"

"祸兮福所倚哟——"

喧嚣的赛场一下子静了下来，正是月亮从天幕伤口渗出圆润起来的时刻。人山人海中闪开了一条缝儿，人们看着龙神爷长袍马褂穿戴整齐的出现了，身后是抬龙金的金娃、金锁。两个孩娃跟随龙神爷走到彩棚里，把龙金放置在彩棚里的香案上。村人们端坐不动，冷眼看日本人欹歔着纷纷踮起脚尖，目光北风般强硬地打在包裹龙金的红绸上，终还是吹不开红绸的真实面目，只见到包裹的轮廓而已。

龙神爷的目光炯炯环视了场内一圈，在拥挤的紫烟河谷碰撞出黄亮沉缓的声响。他双手划破周围的寂静缓缓解开包裹的羁绊。就在红绸叶片样向外伸展的瞬间，一团金光便秋菊般绽放开来，根根舒展辉映着龙金奇妙的金黄色的光环。

岛村这是第一次清楚看见龙金的庐山真面目，不由得也痴愣起来。好半天，他才将贪婪的目光从龙金上收回，投向天上的满月，嘴角绽开了一丝得意的笑。

月亮仿佛是被岛村阴鸷的目光瞪圆了，悬在天上，将清冷的光投到这一片平展的紫烟河谷和上面围成一圈的人群。岛村毕竟是岛村，一次战役中曾一口气刀劈了十个精壮的中国军人。前几日，接到姜根荣的关于姜、姬两家联手操练龙灯欲与皇军决一死战的消息，他便心生一计，命令姜根荣坏了姬家最好看的曼儿。色胆包天的姜根荣果然依计行事，曼儿受辱后投井身亡。

岛村判断，姜、姬两家虽然狗头金冤仇已解，但械斗伤人的恨意怎会一了百了？姜根荣得钱财已远遁他乡，岛村亦宣布姜根荣维持会长一职已被撤销，不管姜、姬两家的族事。姜、姬两家的龙灯队必起风波！况且，日本"龙灯之乡"的舞龙技艺非凡，以称雄本土的国手对付中国一村窝里斗的乡民，定是稳操胜算。岛村自觉得了兵法的真谛,心事便如水中的龟慢慢沉入海底。

突然,人群骚动起来。岛村抬眼看时,竟是姜、姬两家的龙灯队押着逃跑未遂的姜根荣出现了。原来,藏在藏金山里的金娃爹姬根生出来弄食物,恰巧碰见姜根荣鬼鬼祟祟地往山里跑,心中生异,抓住一问姜根荣问出了详情。姬根生一把打掉姜根荣献上的买路钱,趁天黑把他给押了回来。金娃眼尖,他还看出爹化了妆就隐在人群里面,向他挤挤眼。

"哎,千万别杀我,这都是岛村太君让我干的……"又上来烟瘾的姜根荣浑身瘫软,一把鼻涕一把泪哭诉。

"砰"的一声枪响,姜根荣话未说完,就鲜血四溅一头栽到黄土地上。人们回头睐睁着看岛村的手枪口飘着一缕青烟。

杀人了!就有人吓得"轰"地一声要往外跑。荷枪实弹的日本兵闻声行动起来,他们"八嘎牙路"地叫骂着,野蛮地强行拦住逃跑者,连踢带打把他们硬赶了回来。

金锁像头上挨了一闷棍,他先是傻了一般瞪着发红的双眼,随即发怒的野兽样干嚎了一声,就要往人群外冲。身边的金娃眼疾手快,赶紧死死抱住他。金锁挣脱不开,便用拳头死命地往自个头上砸,拳头又被金娃攥住了。金锁瞪着血红的眼珠子,疯了一样瞪着岛村。

龙神正色朗声道:"姜、姬两家可曾听清姜根荣的供词?"

人们齐声道:"听清了!"

岛村恼羞成怒,面色却强自镇定:"八嘎,姜根荣胡说八道,良心大大地坏了,死了死了的有!来人哪,把这条死狗拖出去!龙灯大赛照常进行。"

此时,日本人一条40多米长的彩龙,正提前满场子耀武扬威呢。他们的龙扎得很漂亮。里面用电灯泡照明。身着和服的龙太

郎手舞逗宝，引导彩龙环场旋转。日本人果然训练有素、技艺高超。只见龙太郎手执逗宝眼观六路耳听八方，指挥龙头左摇右晃，虎虎生威。龙尾随了龙头的去势，在锣鼓的节奏里跳跃腾挪，威武有力。他们表演了"穿龙门"、"过龙桥"、"大小梅花桩"等把势，又条理分明、娴熟自然地舞起了"走之字"、"滚珠"、"团龙"、"反背"、"滚沙"、"蝴蝶双飞"、"龙头朝珠"，将"反穿龙门"舞得功夫到家。

唯有日本军人的喝彩声与疯狂的锣鼓声。姜、姬两家众人都沉着脸噤声不语，知是遇到了劲敌，一颗颗心直像场中的闪亮的灯泡一样吊在半空晃悠着。

一声震耳欲聋的炮响，人群中分开一条通道，只见姜、姬两家一条九丈长的巨龙腾空而起，飞跃入场。确从气势上高过日本人一头，赢得姜姬两家如歌如潮的叫好涌动。

龙灯从头到尾分为九节，应和着"龙生九子"的传说。每节金黄缀裹，红烛灯座，应和了"帝黄炎赤"的古训。由姜、姬两家18个高手共同操持。龙神暗中制作的这条龙浑身金黄鳞片竟由极薄极薄的金片组成。那金片又做得巧妙，远看浑然一体，近看每个金片上却有无数的小孔，为的是让烛光从小孔中透出，透出辉煌灿烂。这么多的金片，也不过用了9斤黄金，足见龙神的手艺确是当世无双。巨龙通体明亮，犹如真龙降凡。在金娃的指引下，一个"高盘龙门"，显现了巨龙气吞山河的气势。金锁则猛敲牛皮大鼓鼓声沉雄有力震破紫烟河谷。顿时，满场的欢呼喝彩声随着烟花爆竹一起绽放，声音响彻云天。

在充满火药香的烟雾里，龙神眼中的龙金安然卧在香案上，朦胧中透着神秘而又不可言说的灵异。场上一条巨龙腾云驾雾，纵横驰骋。姜、姬联队当仁不让，娴熟地做出一套中国传统舞龙技法，样样精当，高人一筹！这人无头不走，鸟无头不飞，姜、姬两家联队选中金娃作逗宝算是慧眼识人。与去年龙灯会相比，经过了龙神爷严格调教的金娃已不可同日而语。他摸起逗宝就如鱼得水，一招一式均出手不凡，仪态庄严，大气磅礴，引导龙灯队不断做出高难度动作。

两国龙灯各有千秋，互不相让。众人看时，那金娃飞起半身单肢点地一串空翻，又挥动逗宝引导金龙舞一个"金龙缠柱"的造型，透着炎黄厚土的古韵；日队的龙太郎不甘示弱，他一串旋子环场一周，指挥彩龙亮出"鱼龙过海"的招数来，将东瀛的暴戾狂傲之气表露无遗。金娃一声啸叫，精、气、神迅疾地自丹田聚上浑身。他在整队表演"盘龙门"时，一个突跳腾入高空，在空中连翻两个跟头，展示了神龙现身的威武恢弘。

真露脸呀！姜、姬两家沸腾了，全场的欢声赞语像从地底崩裂而出，顿成震天动地排山倒海之势。

日本人的彩龙在龙太郎的带领下，变得沉着冷静起来了。他们利用彩龙小而灵活的特点，加快速度和频率，做出了一连串精彩的招式。龙太郎一边指挥，一边大喊着招式名称"潜龙生灵"、"偷天换日"、"吸精吞髓"、"喷云吐雾"。彩龙盘旋全场，生龙活虎确有独到之处。相比之下，虽经暗地里勤加操练，但因其大，姜、姬联队的金龙就转动不灵，稍嫌慢些。见此，日本军人更是狂呼乱叫，为自己的龙灯队加油鼓劲。

金娃将这一切都看在眼里。待到"回龙门"时，姜、姬联队的整条金龙就突发奇招，做了一个新创的"翻转乾坤"的后滚翻大动作。人们纷纷咋舌：多险呐！这要命的时刻，还是首次正式联手的姜、姬两家只要一人稍有不慎，便可造成不可收拾的局面，但是姜姬联队大胆做了并且获得了成功。

一招精彩，金娃情绪更加激昂。他在地面上连打飞旋，突然将

逗宝抛到了半空中，姜姬联队龙头翘起朝向仍在天空中飞升的逗宝。金娃借机跃到本家龙头上，右脚在龙头上一点，身体在空中再次跃起，一把抄起下坠的逗宝，在众人眼里恍若天上的神仙一样飘然而下，稳稳落在地面上。看得日本人目瞪口呆。

猛敲牛皮大鼓的金锁看见龙神和岛村并排坐在彩棚里，面前香案上的龙金在电灯的照耀下，金灿灿的光芒被北风吹得闪闪烁烁，只映上附近人们的整脸全身！龙神端坐稳如磐石，岛村却面色泛青，紧握战刀。

龙神举手号令，一声礼炮，焰火便直上夜空，划出一道闪亮的轨迹。人们目光尽处，空中爆出五彩礼花，在姜、姬两家如浪如涛的欢呼中，礼花已编织出四个醒目大字"华夏神州"。

锣鼓声中，姜、姬两家巨龙更加气势磅礴地舞将起来，整个场子刮起了旋风一般。金娃施展浑身解数，挥舞逗宝，引导巨龙卷天掠地，翻江倒海。

相形见绌的龙太郎满眼尽是妒火，他在构思着狠命的一搏。他引导着队伍向巨龙冲来，这是赛队间常见的交混舞。通常两个队一交叉，便会出现各队都听不清本队的锣鼓号令和任何指挥的情况——听不见锣鼓，步子就可能乱套。这是考验每个队是否训练有素的一招辣棋。姜姬两家的队员土生土长，舞龙的锣鼓点子早已融化在血液之中。即使听不清锣鼓，塞上耳眼也不会出半点差错。金锁率领鼓乐班子敲打吹奏得音韵铿锵，节奏强烈，曲调昂扬。唯我独尊，压倒一切。在这种形式下，日方反倒差点儿乱了阵脚。金娃更是先声夺人，巧设路数，寻机穿插，动作精确，游刃有余。

岛村安然不动，身前龙金上辉映的五彩礼花蓦地褪去，金光大盛，将电灯的光芒压住，放射到全场每一个人的眼里心底。他用眼扫了一下身前的龙金，金黄色就转为殷红，有点儿像淌溢的鲜血。

岛村随即微笑了,突然猛地站起身来,举起带鞘的战刀有节奏地挥舞着。日本人见状从人群外推出了一座巨大的龟状的鳌山。岛村用日本语大声唱起舞龙歌来助威,龙太郎引导彩龙闻声摇头摆尾,一连做出"金龙缠柱"、"盘龙门"、"龙滚双江"、"回龙门"等造型,不甘示弱地围着鳌山转。龙灯之乡还真不是徒有虚名。

龙神一声惊异地低呼:"鱼龙蔓延!"

金娃此时也是心头一惊,他听龙神爷讲过"鱼龙蔓延"是中国汉代出现的幻术,延续至今,是龙灯表演的始祖节目。魏晋六朝、唐代称该节目为"黄龙变"。后世的鳌山、灯会、滚龙灯等都和它们的流传有关。没想到日本人学到了我们祖宗的东西,难怪他们有恃无恐。

渐渐的,金娃看明白了日本人心思:他们基本上用的是"鱼龙变"。现在日本人对"鱼龙蔓延"又有所改进。只见他们把彩龙隐入假山之后,随即舞出了一条鲤鱼灯。龙太郎引导鲤鱼灯,模仿鲤鱼在河水里逆流而上跳跃龙门的姿态,循环往复,表现鲤鱼勇往直前、不畏艰险的精神。只见龙太郎手握逗宝,在鳌山面前做出一串精彩的动作。他首先一个腾空飞跃,稳稳地落在了鳌山上。接着,他在鳌山上指挥鲤鱼灯,经过几次试跳,终于,鲤鱼灯跃上了龙门!日本军人顿时兴奋地狂叫起来。

在假山的遮掩下,鲤鱼灯隐没。片刻,龙太郎从假山后面跳出来,一条腾跃飞奔的九丈长的赤龙出现!和姜、姬两家的金龙不相上下,这都是姜根荣密报情报的结果。龙太郎精神焕发,引导东瀛18个勇士舞动赤龙从鳌山上腾跃而下。这次他们是亮出了必胜的绝招,再次表现日本龙风采的时候显得傲气十足,一副完全不把中国人放在眼里的架势。

突然,闻听金娃一声令下,姜姬两家的36条精壮汉子从人群

中走了出来，他们迅速拉起绳索，唱响号子，把地下黄沙里埋藏的两棵"怪树"立了起来。"怪树"高有百尺，当它们枝桠间的沙土纷纷掉落时，显露的竟是一片令人心寒的刀光剑影——枝桠是由无数把锋利的刀剑构成！这时，龙神用浑厚的嗓音唱起了《舞龙曲》，悲怆古远的神韵从他的胸腔里奔涌而出：

　　盘古开天打破了混沌
　　流传了神龙在人间呐
　　炎黄子孙做了传人呐
　　腾云驾雾我任逍遥呐——

　　金锁、金娃跟着唱起来了，姜、姬两家所有的人都跟着唱起来了。声音越来越激越昂扬，浑厚铿锵，化做歌海，载一条巨龙恣意狂舞！忽听金锁鼓响如洪钟大吕，巨龙身姿陡转，在金娃的引导下，竟朝场中央那棵百尺高的怪树舞去。在日本人不由自主发出的"咦咦"惊讶声中，姜、姬两家的汉子们运足气，举着巨龙，赤脚踩着锋利刀刃却丝毫无损如履平地，似得了神助一般奋勇向上攀登。一条巨龙便在刚烈的鼓点声中盘旋而上，直取金黄的月亮，透一天振魂撼魄的壮怀激烈。

　　忽然间起风了，龙太郎闻到了一股浓浓的土腥味儿。天上的月亮被扑上去的黄沙裹紧了，使人胸中闷闷地透不过气来。不知多远处的空中传来了阵阵沉沉的轰鸣。龙太郎忍不住惊异地望了台上的父亲一眼，狂叫一声，舞着逗宝不甘示弱地引导日本龙朝另一棵树奔去。他身子灵巧，总算勉强爬了上去，但手脚已被划了无数道血口子。舞龙的日本人就更不行了，有的手指脚趾被割掉，有的情形更坏，从高高的枝丫间坠落下来，生生就死挂在刀剑上！日本龙自然也拿不住了,它从"怪树"上噼里啪啦掉下来,碰碎的电灯泡发出爆炸的声响和火花,挂在靠近地面刀剑的枝丫上燃烧着,活像一条死龙!

终于恼羞成怒的岛村跳将起来:"中国人不守规则,良心大大地坏了!"说罢伸手去抢香案上的龙金。

龙神手疾眼快,抢先一步抱住了龙金。岛村拔刀砍来,快刃如电。却听到一声脆响,刀锋生生断在了龙神挟着的左手两指之中!岛村拔枪射击,子弹从龙神前胸进,后背出,已是致命的创伤。龙神中弹之后,身躯却山一样屹立不倒。他双眼如炬,面容冷峻,在生命的最后时刻,猛挥右臂把龙金抛给了接应的金锁,同时甩左膀把半截指中的刀钉进了岛村的眼眶,随后山一般倒下去。

风势陡然变大,月亮被纷飞的黄沙完全遮住,一种巨大的"呜呜"呼啸声从远处传来。场中日本人悬挂的电灯泡开始剧烈摇摆起来了,灯泡先是闪烁黯淡下来,接着互相碰撞,发出碎裂的炸响。"噼啪噼啪"的电火花此起彼伏中,金锁怀中的龙金顿时变成了一块火山熔岩的颜色,像是火在燃烧着一般。此时,场中已变成了一个剑拔弩张的战场。金娃爷爷圆睁虎目,山样屹立;金娃爹手握钢刀,在身后紧紧护卫;姜家新族长口呼号子,指挥全村姜姬两家摆好阵势围成一圈铜墙铁壁,中间是誓死捍卫龙金的金娃、金锁。岛村从昏厥的血泊中爬起来,用手捂着淌血的左眼,恶狼般的嗷叫凄厉地回荡在人群上空:"中国人统统地死拉死拉——"

鬼子埋伏在四周的机枪得令开始向人群扫射,柏源村人中弹一排排倒下,迸射出血泊中的纷飞与悲壮。与此同时,月亮蓦地变黑,空中传来了巨大的呜咽声。一道漆黑的风墙向人们扑了过来。风越刮越猛,简直是飞沙走石,刮得人睁不开眼。愈来愈大的狂风刮灭了电灯,刮晕了所有的日本鬼子。

一条硕大无朋的龙卷风在夜空中宛若一条青龙,来至怪树前将上面盘绕的巨龙卷了进去,两者合二为一俨然一条真龙出世。怀抱龙金的金锁被龙卷风吸上天空,他旋转的身体经过怪树顶端的那一瞬间,金娃扔下逗宝跳起来抓住了金锁的双脚。又加上了一个人的体重,金锁的身体在旋风中坠了一坠。就在此时,龙太郎也扑入了龙卷风中。人们看见他在风柱中伸直双手,顺着风势很快上升,猛地抓住了金娃的双脚。三个人与龙金连成一线,迅疾地被龙卷风吸上乌云翻滚的天空,瞬息间便消逝不见了。

九

身在浑浑沌沌中,龙金早就让龙卷风撕扯着脱手而去。金娃、金锁觉得像被一只无形的巨手握在掌心,又像是什么也没有了,鸟儿一样自由自在地飞翔。他们感到自己的身子变得轻盈透明,轻盈得像鹅毛一样微不足道,透明得如水一般清澈见底。渐渐身体的感觉也趋向空无,只剩下魂魂儿在天空中遨游。时而盘旋而上,时而缓缓落下;时而感到无边的恐怖和绝望,时而体会到无名的兴奋与舒畅……突然,一声霹雳般的震天轰鸣在耳畔炸响,震得金娃金锁昏了过去。他们失去知觉的刹那间,感到一种力量将自己高高地提起,又无望无助地坠落,坠入一个深不见底的深渊……

金娃醒来的时候,发现周围是一片黑暗的死寂,没有一丝亮光听不到一点声响。他想,我这是到了阴曹地府了吗?但是浑身四分五裂的麻木和疼痛,使他明白自己还没有死。他的身子紧贴在地上,鼻子闻到了一股熟悉的泥沙土腥味道,透着千万年的温馨与亲切。这是柏源村的味道呀!

"啊——"他大叫了一声，心中顿时涌上了劫后余生的狂喜。

"金娃，是你吗？"黑暗中传来了金锁的声音。

"是我！你是金锁——"金娃闻声向声音处爬去，和摸过来的金锁会合，激动得紧紧搂抱在一起。

金锁问："咱俩这是在哪里呀？"

"我也不知道。"

"这不是阴曹地府吧？"

"肯定不是！活着，咱俩都活着！"

"那咋什么都看不见呢？"

"要是有火照照就好了。"

"哎呀！差点忘了，我身上正带着火石——"

"那你还不赶紧拿出来！"

只听"咔嚓"几下敲击而生的火花瞬间闪亮中，金锁看见眼前有已经枯干了的茅草，便让金锁贴着地面打火。又是几下敲击的锐响，地上的干草被点燃了。金锁赶紧趴下用嘴吹着，金娃则赶紧在周围拣来柴火小心添上去，使其燃成一团篝火。

两人忍着浑身的伤痛站起身来，目瞪口呆地望着篝火照亮的地界，这里果然是柏源村。他们惊奇地发现远处是黑暗中翻滚旋转的黄沙构成的墙，高得望不到边际。它发出怪异的风暴轰响，像一个巨大的笼子一样严严实实地把他们围在了这处冥静的村庄上。

"这莫不是龙神爷说的暴风眼？"金娃在原地转了一圈，脸上现出敬畏的神态。

"暴风眼？是暴风眼！老天爷呀，咱们得救了！"金锁举着双手跳起来狂喊道。

"龙金哪？"金娃问。

"刚才在龙卷风里我手把不住了,被风卷上天了。"金锁低下头。

"没了就没了,总比被日本人抢去好……你看那里!"金娃叫金锁,手指向不近不远处地上卧着的一团物件。

"好像是龙太郎。"金锁边走过去边喊,"他爹杀了龙神爷、我爹,我要杀了他报仇!"

"小心!"金娃赶紧过去阻止他。

三个人影重叠的一瞬间,情势陡变!只见挡在金锁前面的金娃摔倒在地,疼得浑身冷汗,左手紧紧地把着受伤的右手。鲜血一滴滴汇成流,顺着手指往下淌!

"哈哈哈!"龙太郎大笑着摇摇晃晃站起来,晃悠着手中握着的一把锋利匕首,上面的血迹犹在。

"好你个小日本鬼子,原来是装死!"金锁一边骂一边帮金娃止血。

"兵不厌诈,我这是跟你们中国兵法学的。"龙太郎得意地说,"我早就观察过,金娃是用右手发飞石。现在你右手负伤,发不了飞石了;金锁又不是我的对手。乖乖把龙金献出来吧,或许我会考虑饶了你俩的性命!"

"你放屁!"金锁怒不可遏,向龙太郎冲了过去。

龙太郎怪叫一声,举刀向金锁刺去……只听一声脆响,龙太郎手中的刀被一个飞来的什么东西击落在地。金锁没给他喘息机会,一顿拳脚把他打翻在地,一脚踢断了龙太郎的右臂。想想又不解恨,回头又踩断了他的左腿。

"好了,住手!"金娃喊住了金锁。

金锁不甘心似的最后恨恨地啐了龙太郎一口:"不是你对手?爷爷我打不死你!"

龙太郎疼得"吭哧吭哧"在地上打滚儿，好半天才缓过劲儿来。他躺在地上，克制着不发出哀叫声，用狼一般怨毒的目光不相信地盯着金娃。只见金娃慢慢把左手伸出来摊开，上面俨然是一颗卵石。

　　"你……你左手也能发飞石？"龙太郎呻吟着问。

　　"不但他左手能发飞石，就连我的功夫也大有长进！怎么样，傻眼了吧？"金锁说。

　　"怎么没看见龙金呢？"龙太郎还是不甘心。

　　"龙金在那——"金娃左臂顺手指向天上。

　　一道闪电掠过，三人俱抬头观望。只见一个闪烁着金光的物件在远处风暴的沙墙内盘旋翻滚，扶摇直上。是龙金！风暴的咆哮声渐渐消退，黄沙墙摇摇晃晃起来，最后轰然倒塌。龙金从天上呼啸而下，从龙太郎面前猛然扎进地面，惊得他脸色青白目瞪口呆……

　　第二天，独眼岛村重新搜索被龙卷风神秘侵袭后的紫烟河谷，发现它留下的三尺沟壑竟似一个大大的草书"龙"字。士兵发现有一个身着破烂和服的人躺在柏源村的黄沙上，走近一看，正是岛村的儿子、一息尚存的龙太郎。

　　经过军医抢救，龙太郎苏醒了。他告诉父亲说，金娃和金锁没有死，他们是坠落在风暴眼里……金锁想杀他，被金娃拦住了。后来他们就走了，朝着西北方……龙金被龙卷风重又埋在了紫烟河谷……岛村目光顺着儿子手指方向，双目血红。他下令让士兵们掘地三尺，挖了两个月，也没找到龙金的半点影儿。不久，远方的冰排开了，河流改道，紫烟河谷顿时变成了水乡泽国，庞大的水域更把龙金掩藏得无影无踪。

　　一连 7 年，岛村因龙金的失误而没有升迁，一直驻守在紫烟河

谷。他也一时一刻没有放弃过对龙金的找寻，直到 1945 年，日本天皇宣布无条件投降。一支八路军部队奉命前来受降，部队的指挥官便是金娃和金锁。

受降前夜，柏源村像过年一样，庆贺的鞭炮声"噼噼啪啪"响个不停。杀猪宰羊的喜庆似一条河流淌到岛村父子的营房前，散发着阵阵屠宰的膻腥味儿，继而飘来了酒肉的香气。士兵们闻味儿更都垂头丧气地蜷缩在各自营房里唱叹。龙太郎下意识地抽了抽鼻翼，抬头看见自己的父亲用白色丝绢一遍遍仔细擦拭他的军刀，直至刀身一尘不染，放出雪亮的光来。

"爹，我下不了手……"龙太郎的声音怯怯的。

"八嘎！你一定要让我体面地死去！"岛村的声音透着绝望，硬如铁石。他决定剖腹自杀，以死谢罪，儿子龙太郎是他指定的助手。

最后的时刻到了，岛村对跪在面前的儿子张开了胡须丛生的嘴巴，从锐利的牙齿中间蹦出了一个个惨白的音节："大日本帝国是战败了，但你要活下去。把我的骨头留在支那的土地上，我们总有一天还会回来的，以胜利者的身份！那个时候，你，一定要得到龙金！"

说罢，岛村撕破了上衣，把自己的胸腹完全袒露出来，面朝日出的方向跪了下来。他双手倒握军刀，锋利的刀尖冲着自己的腹部。龙太郎恐惧地闭上眼睛的同时，只听岛村大吼一声，把军刀猛地插入了左腹部，接着，他又握紧刀柄向右死命一拉，整个腹腔被割开，鲜血和肠子滚涌而出。但岛村还未马上死去，他因剧痛倒在地上翻滚着说不出话来，只用命令的眼神死死地盯着儿子龙太郎。

泪流满面的龙太郎睁开眼睛爬将起来，从父亲的腹中拔出鲜血淋漓的军刀，几乎是闭着眼睛向着自己父亲的心脏刺去。刀刃

刺穿肌肤内脏时发出了火辣狂烈的尖叫声。岛村的身体如再次中弹的野兽痛苦地痉挛了几下,终于双脚一蹬死不瞑目地咽下了最后一口气。

浑身溅满鲜血的龙太郎简直疯一般挥舞着父亲的军刀,狼一般嚎叫着。所有的柏源村人都放下盛肉的碗,c听那惨烈的叫声穿过紫烟河谷无月的漆黑天幕,在漫无边涯的空际久久回荡着……

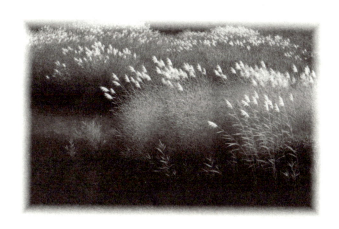

神秘大苇荡

肖显志

1.英国鸟类专家突然失踪

巴恩斯失踪了。

英国鸟类专家巴恩斯失踪已经3天了,课题组的人们猜测,他是进了百里大芦苇荡。课题基地用对讲机反复呼叫,可除了对讲机传来咔咔的响声外,根本不见他的回音。

"撒出人马,找!"课题组中方组长黄教授手一挥,课题组的人们就会同自然保护区的人们四处寻找。可是,每天回来都是让人摇头的消息。

"唉!巴恩斯他是到哪儿去了呢?"黄教授抱着脑袋直叹气。

巴恩斯是世界鸟类研究有卓越贡献的专家。此次他是接受联合国环境规划署的《全球鹤类种群栖息繁殖地——中国北方丹顶鹤种群栖息繁殖地考察报告》的课题,来到中国东北"辽宁双河口国家级自然保护区"的。

这里,在辽河、浑河、太子河、绕阳河、大凌河5大河流下游沉积平原上,靠渤海湾东岸,铺展着面积居亚洲第一、方圆百里一眼

望不到边的大芦苇荡。这是正值芦苇长到一人多高的夏季,满世界的绿色。

巴恩斯一下汽车就被浩瀚如海的苇浪惊呆了。他兴奋得张大了嘴,好半天好半天合不拢。他像是在高原缺氧似的大口大口喘了阵儿,突然"啊哈"大叫一声,望着芦苇荡的方向就跑。腥臭的泥浆溅在他漂亮的西服上,可他全然不顾。

"回来!巴恩斯,回来!跑进芦苇荡你会迷失方向的!"黄教授冲他大声叫喊。

巴恩斯虽然被黄教授喊了回来,可是第二天他就失踪了。

2.大苇荡深处的神秘小屋

百里大芦苇荡遍布沼泽和纵横交错如蜘蛛网似的季节性小河流,没有人能走的路,只有野兽行走的小径和鸟儿们飞行的天空。老本地人说这里是"芦苇的海"、"烂泥的海"。如果谁在芦苇长封顶的时候进到芦苇荡深处,不但生人,就是本地人也没有不迷路的。况且芦苇荡里头没有路。常常有进芦苇荡里采苇叶的人、捉鸟、打鱼、抓蟹的人,进去了就再也没有出来。

巴恩斯失踪第4天头上,黄教授焦灼得嘴唇烧起了一溜儿火泡,津出血水儿。他断定,巴恩斯肯定是进了大芦苇荡,如再找不到,他命就难保了。

"百里大芦苇荡,想找一个人不亚于大海捞针。"黄教授急得在帐篷里一个劲儿转磨磨。

"嗡嗡嗡!"

帐篷外传来飞机的声音。

"有了！"黄教授兀自叫了声，冲司机小林说，"走！送我到海军基地去求援。"

海军基地的解放军首长听黄教授把情况一说，当即决定派出一架直升飞机，帮助课题组寻找巴恩斯。

一架乳白色直升飞机载着黄教授飞上天空，像一只大蜻蜓在大芦苇荡上空"嗡嗡嗡"地盘旋着。

黄教授和飞行员从直升飞机上往下望，百里大芦苇荡一望无际，就像碧绿的大海，风推涌着不尽的波涛，朝东北方向翻动着。哦！真不愧为"芦苇的海"，无边的旷野被绿色染得一丁点儿缝隙都没有。直升飞机按区域搜寻盘旋了一整天，除了看到几只雪白的丹顶鹤和成群的鸥鸟外，再没发现什么。

"唉！"黄教授下了飞机，叹着气钻进帐篷。

课题组的人们见黄教授的脸色不对，知道搜寻一天没什么收获，也就没谁再问什么。

黄教授翻来覆去一宿没睡着。

第二天，直升飞机又飞来了。黄教授上了飞机冲飞行员说："直飞大芦苇荡中心，然后再往外扩展，今天超低空搜寻！"

"是！"

飞行员答着，驾驶着直升机径直飞向大芦苇荡中央。

飞机肚子几乎是贴着芦苇尖飞行着，搜索着，巨大的风浪把芦苇搅得翻滚。

"黄教授你看！左前方。"飞行员突然叫了起来。

黄教授急忙朝左前方望去，眼睛一亮，差点儿喊出声来——一座房屋！

确实，在墨绿色的苇海中耸立着一座金色屋顶的房屋。

3.大芦苇荡是个大迷宫

巴恩斯被大芦苇荡的壮观景色兴奋得一宿没睡着,第二天东方刚刚放亮,他就悄悄爬了起来。

课题组的帐篷就扎在大芦苇荡的边缘,出了门就是浩瀚的苇海。他伸了个懒腰,深呼吸着凉丝丝湿漉漉裹着晨雾的空气,胸膛不禁一阵舒畅。他举目眺望,乳白色的雾气袅袅飘动,从雾中不时传来几声翠鸟叽叽啾啾的鸣叫。

"噢!太风景!太诗意啦!"正在他赞美着抒发情感时,从雾气里传来"号号"的叫声。

他急忙侧过耳朵听听,忽然兴奋地叫起来:"噢!噢!丹顶鹤!丹顶鹤!"

此时,两只丹顶鹤"号号"叫着从他的头顶飞过。

巴恩斯呆呆地望着丹顶鹤消逝在墨绿色的芦苇荡里,傻了一样,口水流出来都不觉得。

"号号!"又两只丹顶鹤飞过来。

他好像冷丁转过神儿,返身到帐篷里把背包往肩头一甩,转身就往帐篷外走。到门口,他想起了什么,返身抓起无线电对讲机,出了帐篷就朝丹顶鹤飞去的方向跑去……

巴恩斯寻着丹顶鹤的叫声,进入了百里大芦苇荡。

"鹤鸣九皋,声闻于天"。丹顶鹤的叫声能传出 2 公里之外远,这个基本常识巴恩斯不是不知道。耳听着它的叫声挺近,可实际远着呐!但是,他的整个儿身心就像被附着魔力的鹤鸣给牵引了,身不由己地朝大芦苇荡深处跋涉。

刚进苇荡时还好走些,可当他走了不到 2 公里,脚下就变得十分艰难了,因为他走进了沼泽。

　　艰难对于巴恩斯来说不算什么,比这样的苦他吃过多了。苏联寒冷的西伯利亚他去过,野兽经常出没的密西西比河去过,炎热得如蒸笼般的非洲丛林也去过……现在眼前这点儿艰难他根本不放在眼里。

　　大芦苇荡里淤积着千百年的烂泥,烂泥上覆盖着腐败的芦苇叶子,露出泥土的地方生长着湿地特有的小植物和青苔。其实能见到的泥土很少,苇荡里几乎到处都是黄色的锈水,水面上落着蚊蝇和小咬。它们一会儿"嗡"地如一团灰色烟雾飞起,一会儿再像尘土般落下,苇丛中就变得死样寂静。

　　巴恩斯的双脚在烂泥中吃力地拔出来,又踩下去,每迈一步脚下都会发出"窟哧窟哧"的响声,翻出黑紫色的烂泥,挤压出腥臭的味儿。这种环境他早已习惯了,此时不但没有厌恶感,反倒生出一种特有的亲切。

　　也许是他头一回听到也是头一次来到东经 121° 30′ ～ 122° 30′,北纬 40° 45′ ～ 41° 10′,位于北中国沿海的这片大芦苇荡竟栖息繁殖着大量的丹顶鹤。如果经过考察能够验证的话,那么这里就将是在地球上丹顶鹤生活繁殖地的最南限。

　　"号号！号号！"

　　沉闷的鹤鸣从雾气中传来,他就寻着鹤的叫声朝芦苇荡深处走去,走去……

　　太阳出来了,赫赫的光线刀片似的把雾气割得零零散散,又像白丝绸抹布擦玻璃镜子一样,把空间抹得一干二净,露出碧蓝蓝的天空来。阳光被随风晃动的芦苇搅得斑斑驳驳,如半空中撒下银铂碎片纷纷扬扬,刺得巴恩斯睁不开眼睛,只好闭着眼睛跌跌撞撞

地摸索着前进。芦苇叶子刀子一样划在他的脸上、脖子上、手臂上，留下一道道血殷殷的口子。

芦苇荡渐渐热了起来，各种小鸟儿叽叽喳喳、唧唧啾啾地叫起来，让巴恩斯的耳朵听不过来，眼睛看不过来。噢！那是芦莺，那是大苇莺，那是灰沙燕、黑卷尾、北朱雀、极北柳莺……噢！何不趁此机会顺便搜集搜集鸟类资料呢！他想着，便摘下照相机，边搜寻着边拍照，忘了此外的一切。

不知不觉太阳挂在天空正中央了。

巴恩斯的肚子"咕噜咕噜"地翻起来只有他才听得懂的英语——饿了。

他歪头看看太阳，自语着："噢！到中午了，该回基地去吃午餐了。"他这么想着迈动双脚往回走。可是当他走了没有几步就醒过腔来："我这是往哪儿走哇？"

路，路在哪儿？他四下里撒目着来时的脚印，可只能看到刚刚踩下不长一段距离的脚印，再往回寻，脚印不见了，早就被烂泥吻合在下面了。烂泥上面还是覆盖着腐败的芦苇叶子，飞起飞落着蚊蝇和小咬。

四周除了芦苇，还是芦苇；脚下除了烂泥，还是烂泥。没路可寻，没路可走。然而巴恩斯没慌，像这种情况他遇到多了，每每都是冷静下来，沉着地思索化险为夷的办法。今天，他仍然像往常一样，找了块硬些的地方蹲下来，目光在芦苇丛中凝视着……终于，他的目光一闪，发现了来时留下碰断的芦苇。

于是，他就寻找着被折断的芦苇往回走。

4. 神秘的小屋藏着许多秘密

直升飞机在那座神秘的小屋上空盘旋了两个圈儿,就徐徐降落到小屋前一小片空地上。

小屋的茅草屋顶被直升飞机搅起的强风拽得乱飞。

一条大黑狗扑上来,冲直升飞机"汪汪"咬。

随之,从屋子里奔出一个手里拎着猎枪的中年汉子,喝退了大黑狗,虎视眈眈地盯着飞机。

黄教授下了飞机,哈着腰跑出叶桨搅起的强风圈子,到那汉子跟前,大声说:"真没想到,大芦苇荡里头还会有人家呐!喂!贵姓啊!老弟。"

"你是干啥的?"汉子平端着猎枪,没答,倒反问。

"我姓黄啊!是课题组的。"黄教授说。

"干啥?"那汉子仍警惕地端着猎枪问。

"我们在找一个外国人,他叫巴恩斯!"

"没、没见过。"

"他长着大胡子,红色的大胡子!"

"没见过啥大胡子。"

"他是个英国鸟类专家,蓝眼睛、红胡子,是来这儿考察丹顶鹤的!"

"丹顶鹤?"汉子说着脚步往后稍了稍,说,"我这疙瘩没丹顶鹤,没啥英国人。"

黄教授往前凑近着说:"这位老弟,你真的没看到?"

汉子显然是动怒了,把猎枪的机头扳起来,冲黄教授瞄准,大

声吼着:"你给我离开这里!赶快离开!"

黄教授停住脚,朝小屋打量着。这是一座大约有50平方米面积的茅草房。房子的四壁是用黑泥垡子(用锹切成四方体的泥块,可当做坯盖房子或砌墙)垛起来的。房顶苫着金黄色的芦苇,窗户上安着玻璃。房前没有柴火垛,堆着一堆黑色的东西,可能是草炭或是石油与泥土混制的坯,也许这就是柴火了。房檐前还挂着、戳着、堆着各种各样的捕鱼工具和一串串鱼干。窗户里头,有两双眼睛正朝外面惊恐地张望。

黄教授收回目光,说:"老弟,这位外国人叫巴恩斯,他进入芦苇荡已经有4天了。我看他准是迷了路。这百里大苇荡……他真的要是走不出来,命可就没了……"

"啊?! 4天……"那汉子身子一噤,猎枪也抖了一下。

"帮帮忙吧! 救救命吧!"黄教授恳求着。

那汉子抻脖瞅瞅飞机,再看看黄教授,目光暗淡下来,说:"你们走吧! 我要是看到啥巴恩斯,会送他出苇荡的。你们快走! 痛快走开!"

黄教授还要说什么,忽然头顶上传来丹顶鹤"号号"的叫声。他顺过眼睛望去,只见有3只雪白的丹顶鹤拍打着翅膀围着飞机盘旋地飞着,看来它们是受了惊。

那汉子显然也发现了它们,突然双目圆睁,面部变得叫人可怕。他端着枪逼向黄教授,抖动一下,从牙齿缝里挤出凶狠的话来:"你再不离开,我可就用它跟你说话了!"

3只丹顶鹤仍在头顶上叫着,盘旋着。

"我数5个数,不走,我可就开枪啦! 一、二……"汉子真的数起数来。

黄教授见这汉子这样死逼,就只好说:"我走,我走! 老弟,拜

托啦！帮我们找找巴恩斯！"

"快走！"

"我们会重谢你的！"

"走！"

黄教授没办法,只好上了飞机,缓缓离开了地面。不过,他没让飞行员马上离开,而是让飞机悬停在小屋的上空,然后向下观察着。他看到一个女人领着一个十四五岁模样的男孩子从屋子里跑出来,朝飞机望着,那孩子还用手指指点点。

3 只鹤有两只落在小屋顶上,一只落在那汉子和女人、孩子跟前。

"继续搜寻！"黄教授说。

直升飞机离开了神秘的小屋,在浩渺的苇海里搜寻起来。

黄教授的眼睛虽然盯着绿浪翻滚的苇荡,可脑子里却涌起一个又一个问号:

——百里大芦苇荡里,怎么会有人住呢?

——那个汉子为什么对我们的到来那么恐惧和愤怒?

——那 3 只丹顶鹤为什么要落到他的家?

——他一家为什么要在大芦苇荡中央过着与世隔绝的生活?难道那汉子是个潜逃的犯罪分子?

——他们以什么为生? 难道是以猎杀丹顶鹤……

他想着想着,心头笼罩上一层浓浓的神秘。

<h2 style="text-align:center; color:red;">5．22 年前……</h2>

22 年前,"文化大革命"的红色风暴席卷神州大地。

1968 年夏天的一个黑夜，一对儿青年男女从盘锦县城北互相搀扶着，跌跌撞撞地朝南走来。男的十八九岁的样子，女的也十八九岁的样子。他们穿着一身草绿色军装，一副学生模样。

女的实在走不动了，说："大伟，我、我渴得嗓子冒烟了，歇歇吧！"

叫大伟的男青年说："不行，不行啊！卢莛。咱们一会儿也停不得啊！"

"大伟，我、我实在是走不动了……"

"要是叫他们给追上，我们俩就都没命了！来，我背你。"

"不不，你也走不动了……"

大伟拽着卢莛的胳膊，说："坚持，坚持就是胜利！来，卢莛，我们念毛主席语录：下定决心……"

卢莛见大伟没有一点儿停下来的意思，就随着他朗诵起毛主席语录："下定决心，不怕牺牲，排除万难，去争取胜利！下定决心，不怕牺牲……"

他们就这么朗诵着，走着；走着，朗诵着，一直走进大芦苇荡，走进深深的芦苇荡。

他们拨着密密匝匝的芦苇，走着；任芦苇叶子割着皮肤，走着；跌倒在烂泥里，爬起来走着，走着，走着……只是一直往前走。

不知过了多久，他们再怎么念"下定决心"也走不动了，双双摔倒在泥水里。

他们挣扎着坐起来，互相依偎着，说："我们歇歇吧！"眼皮一合就睡了过去。

又不知过了多久，他们被一声声鸣叫给惊醒了。

"嗝！号号！"

卢莛揉揉眼皮，她看清了，惊喜地叫起来："大伟，大伟！你快

看呐！"

大伟睁开眼睛看到了，也惊叫着："卢莛卢莛！你快看呐！仙鹤！是仙鹤！"

他们都看到了，在他们眼前不远的地方，两只雪白的丹顶鹤边叫着，边舞蹈似的跳着。

"嘘——"卢莛把手指放在嘴唇上，示意不要大伟弄出声响。

"嘘——"大伟也学着卢莛的样子。

他们静静地观赏着两只仙鹤鸣叫、舞蹈，好似昨夜的疲劳和恐惧全没了。

"砰！"

突然传来一声枪响。

卢莛吓得身子激灵一下子，扑到大伟的怀里。

两只丹顶鹤惊飞而去，转眼间消失在空荡荡的天空里。

大伟把卢莛紧紧搂在怀里，轻轻抚摸着她的头发，说："别怕，别怕。响枪的地方离我们还远着呐！"

过了会儿，卢莛站起来，朝四外瞅瞅，问："大伟，这是什么地方啊？"

大伟也朝四周望望，说："周围都是芦苇，望不尽的芦苇。卢莛，我想这里该是辽宁省南部的一个大芦苇荡吧！"

"有多大呢？"

"天那么大吧！"

"你坏，尽骗人！"

"不信？你就自己看看吧！"

卢莛就跳着高儿看，可个头儿怎么也跳不过芦苇高。

"来吧！骑在我脖颈上看吧！"大伟说着蹲下来，让卢莛骑到他脖颈上。

卢莚在大伟的脖颈上抻着脖子往远处望了好一阵儿,直到大伟在下面喊禁不住啦,才下来了,坐在地上一声不吭。

"你这是咋啦？"大伟问。

"真的是一望无际……"

"真的？"

"真的。"

"大伟,我们该怎么出去啊？"

"我们……我们怕是出不去了。"

"啊？！"卢莚一听慌了,摇着大伟的肩膀:"大伟,怎么会出不去呐？啊！怎么会出不去呐？"

"卢莚,你冷静点儿。我问你,一眼望不到边有多远？"

"怕是……怕是……有10里路远吧？"

"不。"

"20里？"

"不。"

"30、40、50里？"

大伟点了头,说:"卢莚,我们走了一夜,还不能走出50里远吗？我们这是走进了原始芦苇荡……卢莚,我们不是在书里看到过人走进原始大森林就出不来的吗！我们怕是也一样,出不去了……"

卢莚呆呆地听着,忽然一头扎进大伟的怀里放声哭起来。

等卢莚哭了一阵儿,大伟才静静地说:"卢莚,看来我们就在这里生活了。"

卢莚抬起泪眼,问:"就在这里？"

"就在这里！"

"那我们的家呢？"

"大芦苇荡就是我们的家。"

"唉！也好。总要比死强得多！"

"别叹气。卢莲你看……"

这时，两只丹顶鹤从他们头顶上飞过，"号号"地叫着，给荒凉的芦苇荡点燃了生机。

6. 两只丹顶鹤

太阳已经落到芦苇丛里头去了，巴恩斯还没有走出芦苇荡。他刚开始时还能找到折断的芦苇，可是走了没有半个小时就起了风。风吹动着芦苇，苇涛声响起，四野便似跑来成千上万只野狼一齐吼叫。芦苇被风摇摆得推来搡去，还上哪儿去寻找来时折断的芦苇呐！

找不到归路了，怎么办？巴恩斯是个自尊心极强的人，不到绝境是决不向别人求救的。但是，他望望渐渐黑下来的天空，想到课题组的同事们一天没见到他，肯定会为他着急的。"不能让别人为我担心、着急。"于是，他拿出无线电对讲机，打开开关，开始呼叫：

"喂！喂喂！巴恩斯呼叫！巴恩斯呼叫！"

对讲机一点儿动静也没有。

"喂喂！我是巴恩斯！喂喂！巴恩斯呼叫！喂喂！"

对讲机还是没有动静。

"怎么？"他自语着把对讲机在耳边摇了摇，再呼叫几声，仍然没有回声。

不知对讲机发生了什么故障，他怎么呼叫也是徒劳。

"可气！"他摇摇头，把对讲机放回背包，朝四外无意义地望

望,就盲目地往前走,往前走……

夜幕很快覆盖了芦苇荡。漆黑一片,就像被墨水泼过似的没有一丝缝隙,只有天空中的星星闪闪烁烁。

巴恩斯的脚终于感觉到一小块发硬的土地,身子精疲力尽地坐下来,望着天空中的星星,寻找到了北极星。"噢!课题组的驻地是在东北方向……"

他站起来,望着北极星,拨开芦苇,往前走。可是,没走多远,身子就像芦苇般摇摆起来,两条腿像驾了云朵,软绵绵的飘起来一样。肚子早不咕噜咕噜叫了,这是饿过了劲儿的缘故。他从早上到现在只寻了些田螺、小蟹和挖了些芦根充饥。

"走!不能停下来!"他在心里默念着,咬着牙朝着北极星顽强地走着……

又是一个早晨,倒在泥水里的巴恩斯被鸟叫声吵醒了。怎么睡着的?他也不知道是怎么走着走着就睡着了。

肚子又开始咕噜咕噜说起英语来。饿,这是他醒来给他的第一个信号。可是吃什么呢?芦苇根部贴着一只只绿色青色的田螺,有的缓缓地爬动着。他捡了一把田螺,折了根芦苇节,抠着吃起来。吃了阵田螺,再抓些小蟹子,放在嘴里咀嚼着……然后,蚂蚱、小鱼、青蛙都是他填肚子的食物。他也发现过两窝鸥鸟蛋,不过仔细看了看,认定是黑嘴鸥的蛋。这个发现让他着实兴奋了好一阵儿。因为这两窝蛋可以证明:这里不但是丹顶鹤的繁殖栖息地,也是黑嘴鸥的繁殖栖息地呀!他拍下了照片,准备出了芦苇荡把这个喜讯告诉同事们。

肚子填得差不多了,巴恩斯开始"上路"。

在这以后的3天里,他虽然发现过自己踩下的脚印,可那脚印通向哪里?他辨别不出来。原来是走了一个大大的圆圈,回到了

原地。

"唉!"他叹了口气,但是没有泄气。"我要走出去!我一定能走出去!"

到第3天晚上,他的肚子疼起来。肠子在肚子里就像拧麻绳。肠子拧了一阵子,就开始呕吐、屙肚……

屙过,吐过,巴恩斯就觉得身子变成了一个蛹化了的壳儿,再也没力气站起来了。

"难道我就这样死在这里吗?"他质问着自己,"巴恩斯,你难道是懦夫吗!浑蛋,放弃挣扎就等于走向死亡!你不能泄气,就是爬也要爬出芦苇荡!浑蛋,还等什么?爬!给我爬!"

爬……爬……爬……

巴恩斯抓着芦苇在芦苇间爬行着,滑腻腻的烂泥在身下冒着腥臭的气泡,一团团蚊蝇小咬"嗡嗡"叫着跟随着他。他觉得自己此时很像杰克·伦敦在小说《热爱生命》中描写的那个为摆脱饿狼追踪而奋力向前的人。为了完成课题,为了自己的生命,他顽强地爬行着……爬行着……

巴恩斯爬了多久,爬了多远,他不知道,在身后留下的还是一条深深的巨大的圆圈。

"呃呃!号号!"

巴恩斯苏醒过来。

他撩开眼皮,眼前竟是一片雪白。"难道是幻觉?一片雪原的幻觉?"

"号号!号号!"

巴恩斯使劲睁睁眼睛,定睛看去……"鹤!丹顶鹤!"他嘴唇动了动,没有说出声来就又昏了过去。

"呵!号号!"

两只丹顶鹤叫了两声，扇起翅膀飞走了。

7. 芦苇荡深处的原始部落

大伟和卢莛找了块高地，折了些芦苇搭了个小小的茅草屋。

"噢！我们有家喽！"卢莛看着她和大伟亲手建起来的房子，喜滋滋地说着说着，脸又苦了下来，"可、可是……什么生活用品都没有，怎么生活啊？"

大伟拍着卢莛的肩膀说："怎么生活？卢莛，你看……"他手往大芦苇荡一划，"这么大的世界就我们两个人，我们愿意怎么生活就怎么生活呀！卢莛，你听我唱，'蓝蓝的天上白云飘，白云下面马儿跑。挥动着鞭儿响四方，百鸟儿齐飞翔……'"

卢莛受了大伟歌声的感染，也唱了起来："'月亮在白莲花般的云朵里穿行，晚风吹来一阵阵欢乐的歌声。我们坐在高高在谷堆旁边，听妈妈讲那过去的事情……'大伟，我心情好些了呀！"

"噢！卢莛，心情好了哟！"大伟抱起卢莛转起圈来，直转得天地也跟着转起来。

这天，卢莛出去抓蟹子，在一个土坎下发现一具白骨，吓得她撒腿就往回跑。

"卢莛，你、你咋啦？"大伟见卢莛脸色煞白，便急急地问。

卢莛朝身后指着说："大、大伟，那边有死、死人。"

"死人？走，带我看看去。"

大伟跟着卢莛来到那具白骨前一看，说："这哪是死人啊！一堆骨头嘛！"

"大伟，你看这是啥？"卢莛用脚踢踢白骨旁的一个油纸包。

大伟打开油纸包,里面是火柴、小刀、针、线、消炎药、感冒药……还有一大包白色尼龙线。

"这个人难道也和我们一样逃到这里来的?"卢莲说。

"太好啦!"大伟没听卢莲在说什么,他为能得到这些东西而高兴,说,"我们有了这些东西,就可以在芦苇荡里生存下去了。"

卢莲拿起白色尼龙线说:"这要是毛线就好了,我会给你织一件毛衣的。"

大伟也拿过尼龙线,瞅瞅,眼睛一亮,说:"哦!大有用处。大有用处哇!"

"有啥用处?"卢莲问。

"放风筝……"

"你难道要上天不成?"

"我要出去,要到芦苇荡外头去!"

"噢!你是要把自己当做风筝啊!"

"好聪明的孩子哟!"

"你坏!"

他们到芦苇荡里的半个月后的一个晚上,大伟把尼龙线拴在腰间,

朝芦苇荡外面摸去……

卢莲的手轻轻放着那团尼龙线,凝神看着细细的尼龙线就好像拴在她心头一样,那线每抽动一下,她的心就颤动一下……

卢莲整整等了一宿,等到天快亮时,芦苇丛哗啦啦一阵摇动,大伟钻了出来。

"大伟,你可回来啦!"卢莲扑上去。

大伟放下身上的东西,说:"卢莲,我做了一次贼。"

卢莲瞪大了眼睛,问:"你、你做了贼?"

大伟嘻嘻笑了,说:"没偷别的,就偷了……你看,这是一把镰刀,这是铁锹,这是渔网,那家在院子外面晾着的,叫我给来个顺手牵羊。这是……卢莲你看这是什么?"

"咿呀!小狗!小黑狗耶!"卢莲见大伟从怀里掏出一只毛茸茸的小狗,稀罕得跳起来。

有了铁锹、镰刀这两样工具,大伟和卢莲割了芦苇、挖了垡子,把原来的小棚子建成了一座垡(fá)子墙、苇房盖、苇门、苇窗的房屋,就连床也是用芦苇扎捆成的,上面铺了软乎乎的苇叶,躺上去暄暄的不亚于沙发床。

卢莲又在那堆白骨旁找到了一个搪瓷盆和一只上面印着"广阔天地大有作为"字样的搪瓷缸子。于是,他们就有了做饭的"锅"和盛水的舀子。

在以后的日子里,白天,大伟和卢莲一起在水泡子里撒网捕鱼、捕蟹、捕田鸡;晚上,他们把捕来的鱼剥去内脏,然后晒成干,留到冬天吃。他们在22年里就是这样在春夏秋准备越冬的食物。而生活所必需的米面、煤油、蜡烛、油盐、衣服等,都是大伟偷偷潜出芦苇荡,用鱼干、蟹肉干、田鸡腿等食物来换取。

在芦苇荡里生活到第二年春天,大伟从外面弄回一包水稻种子。卢莲说,噢!我们能自己开田种水稻,春大米吃喽!

于是,大伟就和卢莲割倒了几块芦苇,挥锹挖出黑黑的泥土来,再做上田埂,水田就造好了。大伟学着农民的样子,在屋子里育好了秧苗,然后放水泡田、插秧。

秧苗插完了,他们坐在田埂上,望着横竖笔直的秧苗,就想起了那无边的田野,想起了遥远的家乡,想起了父母和兄弟姐妹、同学朋友……

卢莲的头依偎在大伟的肩膀上,说:"大伟,这儿好吗?"

"好哇！咋个不好？"

"怎么个好法？"

"没有别人，就咱们俩。"

"是啊！太清静了……没有城市的喧嚣，没有人与人之间你争我斗的烦恼，没有邪恶的猖獗，也没有……"

"也没有阶级斗争的口号声，没有工厂机器的轰鸣和呛人的烟尘。有的只是清新的空气，满目的绿色，悦耳的鸟鸣和舒缓的风……啊！真可谓世外桃源哪！"

"真好！就我们俩……"

"我们俩……"

卢莛沉浸在一种别样的幸福之中，禁不住轻轻唱了起来：

> 无边的芦苇荡啊，
> 你是浩瀚的海；
> 浩瀚的芦苇荡啊，
> 托起绿色的船。
> 船儿载着生命的渴望，
> 驶向幻想的世外桃源。
> 鸟儿在耳边啁啾，
> 仙鹤在身边留连，
> 金丝雀在阳光里飞翔，
> 黑嘴鸥在苇丛中呢喃。
> 苇叶儿吹奏着小曲儿，
> 白云飘荡着悠闲。
> 阳光在水纹里闪动，
> 青蛙声声叫着夏天。

哦！这就是我们的家哟！

哦！这就是我们的乐园。

8.神秘的小屋不见了

傍晚,搜索巴恩斯的直升飞机回到课题组考察基地。

黄教授把在大芦苇荡当间发现一座茅草屋的情形一说,立刻引起了大家的兴趣,纷纷议论起来:

"方圆百里的大芦苇荡里面居然有人生存? 真不可思议。"

"他们吃什么,用什么?"

"哎! 既然他们穿着衣服,手里还有猎枪,那就说明这个大芦苇荡有通道。可是,通道在哪儿呢?"

"他们是什么人? 会不会是逃犯呐!"

"难道……这家人家和丹顶鹤有什么……"

黄教授当即召开课题组会议,研究新的寻找巴恩斯方案。会上大家更多的意见是要接近那家人家,取得他们的协助,也许能快些找到巴恩斯。

"怎么接近? 这是关键。集思广益,我听大家的高见。"黄教授的目光巡视了一圈人们。

人们接着议论。有的说求自然保护区派出所警察出马,有的说来硬的不中,还是用物资来接近他们。议论来议论去,最终还是认为用物资先和他们交朋友,取得他们的信任。

次日天一亮,直升飞机就朝着芦苇荡深处飞去。

"嗡嗡嗡!"直升飞机在芦苇荡中间地带盘旋了好久,怎么也没再发现那座神秘的茅草屋。

神秘的小屋,神秘地不见了。

黄教授和飞行员怎么也不相信自己的眼睛,降低高度再盘旋寻找,还是墨绿一片,怎么也不见那个金黄色苇叶的屋顶。

"难道那天我们遇到鬼了不成?"飞行员说。

黄教授说:"不。那天我还和那个汉子说话来着。看得真真切切实实在在啊!"

飞行员叹了口气,说:"唉!当初我要是定下那座小屋的经纬度坐标就好了。"

黄教授说:"别后悔了,再认真找找吧!"

直升飞机超低空在芦苇荡中央地带盘旋寻找了整整一个上午,那座小屋的影子也没发现。

"方位没错啊!怎么会突然不见了呢?"飞行员摇着头嘟囔着。

黄教授见再寻找下去也是徒劳的了,就说:"我们返航吧!"

9.芦苇荡里的狗叫声

"汪汪汪!"

大芦苇荡里传来一阵狗叫声。

巴恩斯又一次苏醒过来。

此时,太阳离地平线只有一杆子高了。巴恩斯睁开眼睛,看到的怎么会是一片漆黑?他依稀记得前一次苏醒时,看到的是一片白雪,而现在却变成了漆黑……还是幻觉?

"汪汪汪!"

他分明听到了狗的叫声,而且那狗正叼着他的衣服往前拽。

"号!号号!"

他又听到那熟悉的丹顶鹤的鸣叫。

"我没死,我还活着,真的还活着……可是,在这个荒无人烟的大芦苇荡里怎么会有狗？"他想着想着,脑子突地一闪,"莫非这里有人居住？如果真的是有人居住的话,我的生命就有救了……"

"汪汪汪！"

他听到那条狗跑开了。

"号！号号！"

他听到鹤仍然留在他身旁,就好似有了某种寄托。一股眩晕笼上来,他又昏了过去。

太阳陷入了地平线,大芦苇荡好似刷地被一口大锅扣住一般,黑得密密实实。

在巴恩斯不远处,有两点火亮幽幽闪动着……

"汪汪！"光亮里传来狗叫。

光亮近了,可以听到芦苇叶子被哗啦哗啦的碰动声。

来人是谁？

10. 常芦根拾到4枚鹤蛋

大伟和卢莛在进入大芦苇荡的第二年春天,生下一个白胖的小小子。大伟姓常,卢莛当然是姓卢了,就取爸爸妈妈的姓,给儿子起了个常芦根的名儿。

小芦根一晃儿长到5岁,就像小鹤溜子(鹤崽儿)似的在芦苇丛中滴溜溜钻来钻去。也怪,不管他怎么钻,就是不迷路,天黑了都能找到家。

这天,小芦根在芦苇丛中找到两窝白生生的蛋,一窝两个,好

大好大哟！他把小布衫脱下来，把蛋包好，欢天喜地地跑回家，打开布衫叫起来："爸爸妈妈，看我找到啥啦！"

"啊！鹤蛋。"卢莛和大伟瞪大了4只眼睛看着4枚鹤蛋。

爸爸问："儿子，在哪儿拾到的？"

"在那边。"小芦根的手往身后指着。

妈妈虎起脸来问："芦根，谁让你拾的？"

"我、我拾来给爸爸妈妈煮了吃嘛！"小芦根努着小嘴嘟囔。

爸爸俯下身子摸着儿子的脑瓜，说："儿子，这是丹顶鹤的蛋，我们不能吃。芦根，你还能找到拾鹤蛋的地方吗？"

"我能！"小芦根爽快地回答。

"那好，跟妈妈把这些鹤蛋送回去。"卢莛小心翼翼地包起那4枚鹤蛋，说着拉起儿子就往屋外走。

娘俩在芦苇丛中找了好久，也没找到原来小芦根拾鹤蛋的地方。

卢莛急得一个劲儿跺脚："这可咋办，这可咋办哟！""哇！"小芦根看着妈妈着急生气的样子，哭了起来。

"唉！"卢莛搂过儿子，说："芦根啊！我的小芦根。你知道吗？你把这4枚鹤蛋拿来了，鹤妈妈失去它的孩子该有多么伤心啊！再说，丹顶鹤是世界上很少很少的鸟类，它们就和我们一样艰难地生存着，我们不能伤害它呀！"

"鹤像妈妈一样好吗？"芦根不哭了，抬起小脸问妈妈。

"和妈妈一样好。"

"它会像妈妈一样讲故事吗？"

"会，会讲好多好多好听的故事。"

"它会和我玩吗？"

"会，会的。"

"那我就跟鹤玩。"

"好孩子,跟妈妈回家吧!"

"不不。我要和妈妈给鹤蛋找妈妈。"

"傻儿子,找不到喽!"

"鹤妈妈找不到蛋,鹤妈妈该有多么伤心啊!"

"芦根别哭,妈妈会有办法的,会有办法的……"

回到家,卢莛对大伟说:"我一定要把这4枚鹤蛋孵出来!孵出小鹤来的。"

"我给你做个窝,然后你就趴到上面去像孵小鸡似的孵吧!"大伟和妻子逗趣儿。

"你、你真坏!"卢莛嗔怪地瞪了大伟一眼,说,"那、那我该怎么孵啊?"

"要是有一只鸡就好啰!"大伟不经意地说。

卢莛寻思了一下,灵机一动突然说:"对呀!我们找不到原来鹤的窝,找一个别的窝不就妥了么!"

"好办法!好办法!还是我的妻子能啊!"大伟飞快地亲了卢莛一口。

"你、你……儿子在跟前,也不怕害羞。"卢莛红了脸。

小芦根闭上眼睛说:"爸爸妈妈,我什么也没看见呀!"

"噢!哈哈哈!"大伟笑了起来。

"你这个小家伙!哈哈哈!"卢莛也笑起来。

笑声在辽阔的大芦苇荡里欢快地荡漾着。

11. 把房子藏起来

大伟直望到直升飞机消失在天边,才和卢莛、儿子芦根、大黑

狗回到屋子。

"不知道是福还是祸？"卢莲的脸上布满愁云。

"啥个'巴恩斯'，啥个外国'大胡子'？他们究竟来干啥？卢莲，你说他们来干啥？"大伟的眉头拧成个疙瘩。

"爸爸妈妈，飞机怎么不像鹤似的用翅膀飞，用脑瓜顶上的大轮子飞呀？"芦根的眼睛眨动着疑惑问。

"飞机真的是来找什么巴恩斯？什么外国人？"卢莲说。

大伟望着窗外，说："我们在芦苇荡里头生活了22年了。外面的世界变得什么样子，我们还不太知道。"

"你不是说芦苇荡外面竖起好多高高的井架吗？"

"是啊！竖起好多就像大庆油田那样的井架。"

"还有呢？"

"还有大牌子，芦苇荡边上竖了个牌子。"芦根插嘴说："大牌子上写着'双河口国家级自然保护区'红红的大字呐！"大伟调过脸盯着儿子问："你、你是怎么看到的？"

"我、我……"芦根不敢吭声了。

"芦根，你说，是不是跑到芦苇荡边上去了？"卢莲板起脸厉声喝问。

爸爸也绷着脸说："芦根，你怎么可以往芦苇荡外边跑呐？爸爸妈妈是为什么跑进这大芦苇荡里的？你忘了吗？你给爸爸说说！"

芦根瞅了爸爸一眼，再瞅妈妈一眼，说："是、是爸爸妈妈的成分不好，是地主崽子。是为了不被造反派给打死，才逃进芦苇荡里来的。"

"你记住了，为什么还往外面去？想把造反派给引来吗？"爸爸动了怒。

卢莛见丈夫动气了，赶忙催促儿子："快说下回不敢了。"

芦根就说："爸爸，我下回不敢了。"

"唉！也许就是因为你暴露了目标，人家才跟踪来的……"大伟判断着说。

芦根一听急了，问："爸爸，他们是造反派吗？他们是来抓我们的吗？我们该咋办啊？爸爸。"

爸爸说："外面究竟发生了什么？我只是偷偷出去用鱼干、蟹肉什么的换了东西就回来。不敢和人说话，也不敢打听什么，咋知道外面的世界啊！飞机冲我们家来干什么呢？"

"爸爸，他们是不是来抢我们的鹤？"芦根突然冒出一句。

大伟和卢莛身子一噤。

"芦根说的也许是。"卢莛说。

"不，我看不像。那个人的样子挺和蔼的，不像是。"大伟判断着说，"难道是追捕我们的……"

芦根一把抓过猎枪，说："他们要是来抓我们的，我就用枪把飞机给打下来！"

大伟夺过猎枪，说："胡闹！"

"那我们咋办？"卢莛瞅着丈夫问。

大伟拧着眉头寻思了好一阵儿，突然说："快！把房子藏起来！"

"藏？"芦根看看妈妈。

"咋个藏？"卢莛问。

大伟说："用锹挖苇坨子，用苇坨子把空地和房顶封死，他们就发现不了我们了。"

一家3口人七手八脚地挖来苇坨子，然后一坨一坨地"栽"在房子前后的空地上，把房子和前边的空场封得严严实实，和大芦

苇荡融为一色。小小的房屋淹没在起伏荡漾的苇浪之中。

"号！号号！"

他们刚干完，两只丹顶鹤落下来，围着芦根叫着。

芦根一手搂过一只鹤的脖子，说："大雪、二红，小黑呢？"

原来这两只鹤一只叫大雪，一只叫二红。大雪和二红冲芦根叫了两声，然后再朝天空叫了两声。

芦根明白了，它们是说"小黑还在天上飞呐"。

"黑儿！黑儿！黑儿！"他朝天空喊了三声。如果在往常，小黑早就"号号"地回音了，可芦根喊了好几遍了，还是不见回音。

12. 小鹤救少主

大伟找到一个黑嘴鸥的窝，把那4枚鹤蛋放进去。黑嘴鸥以为是它的蛋呐，还真的给孵了出来。

那天，小芦根和爸爸还有那条大黑狗，偷偷地来看黑嘴鸥的窝，见一枚鹤蛋正啄出一个小洞洞，便伏下来眼盯盯地看着。不一会儿，那个小洞越啄越大，鹤的小脑袋瓜探了出来。接着，那3枚鹤蛋也啄出了小洞，一个个小脑瓜跟着探出来。

"爸爸，小鹤孵出来啦！"芦根高兴得捧起它们就往回跑。大黑狗在他屁股后头"汪汪"叫。

回到家，4只小鹤蹬开了蛋壳就站了起来，身子摇晃了一会儿，就在炕上一摇一摆地行走。

小鹤出壳5天，小芦根就领着它们到小水坑去玩。他瞅着毛茸茸的小鹤在水中捉小鱼、小蟹活蹦乱跳的样子，稀罕得不行。

4只小鹤在5月初出壳，在小芦根的喂养下，过了3个月就长

成大鹤了,长得高高的,小芦根的个头只到它们膀根儿。

4只大鹤美丽极了。高高的细腿支撑着雪白的身子,弯长的翅膀盖着雪白的羽毛,翅膀尖的三级飞羽像蘸了墨似的,就好像漂亮的黑纱裙。脖颈长长的,像是围了一条黝黑的毛围脖。而没长毛的头顶红红的,就像戴了顶小红帽。小芦根给它们起了名字:大雪、二红、三胖、小黑。他一叫"雪雪雪",大雪就跑过来;他一叫"阿红阿红",二红就跑过来;他一叫"胖儿胖儿",三胖就跑过来;他一叫"黑儿黑儿黑儿",小黑就跑过来。小芦根走到哪儿,4只丹顶鹤就像卫兵似的跟他到哪儿,真是形影不离。大黑狗见小主人有了鹤而冷淡了它,气得一个劲儿冲小主人"汪汪"地说"你偏心,你偏心"!

转眼进了8月,芦苇荡里闷热得就像个大蒸笼。蚊子、虻蝇、小咬滋生,打着团在芦苇丛中嗡嗡地飞过来卷过去。青蛙和癞蛤蟆躲在锈水里闷声闷气地叫着,就好像嘴巴上套着铁罐头盒。一种叫不出名的紫色昆虫趴在芦苇秆上"吱啦吱啦"地叫,叫出划玻璃碴子声。不知是什么鸟在芦苇丛深处"咕咕"地叫,有些像从泉眼往出冒水泡的动静。

这天,4只丹顶鹤飞出去自己打食去了。小芦根坐在茅草房前托着下巴颏望着天空中的云朵。他很奇怪,云朵怎么一会儿变成一条狗,一会儿又变成一条鱼,再一会儿又变成一只天鹅……突然,一个什么小动物在他眼前一跳。他的目光追过去,原来是一只花背鼠。"真好看呐!"他起身追了去,一追追出好远,花背鼠钻进一簇水蕨藜就不见了。

"嗨!真气人!"小芦根鼓着嘴巴离开了水蕨藜往回走,可是走着走着就觉得眼皮发粘,困劲儿就上来了。前边是一片枯黄倒伏的芦苇,小芦根走过去躺在干枯芦苇上就睡着了。

不知过了多久，小芦根被痒醒了。他用手一摸，脸上毛哄哄的，睁开眼睛一看，眼前灰蒙蒙一片，吓得他拼命叫喊起来。原来他所看到的是成群的蚊蝇和小咬，叮满了他的胳膊、大腿。身子一动，浑身就像针扎似的疼痛。"啊啊！"他被吓坏了，拔腿就跑。可是，这些见到了血的蚊蝇小咬，人越动就越发叮得厉害。人不管跑到哪儿，它们就像一团烟雾似的围你到哪儿，直到把血吸干。

蚊蝇小咬尤如刮起的旋风，把小芦根越围越厚……

"雪雪雪！阿红阿红阿红！胖儿胖儿！黑儿黑儿黑儿！"小芦根突然想起4只鹤伙伴，拼命喊叫起来。

"号号！号号！"

一只丹顶鹤像一道闪电从天空中划过，然后箭似的扎下来，围着芦根"呃呃！号号"地叫。

"号号！"

又一只丹顶鹤扎下来，它好像生气似的用翅膀拍打了一下不知所措的那只鹤，然后扑上前，扇动起翅膀朝蚊蝇小咬猛烈拍打起来。那一只见状，也扇动起翅膀，把蚊蝇小咬打得纷扬四散……

芦根身上的蚊蝇小咬被两只鹤给扑打光了，可是他浑身留下一片血迹，昏倒过去。

一只鹤飞走了，另一只留在芦根身边。

大伟和卢莲见鹤二红飞回来，"呃呃"叫着，用长长的嘴叨他们的衣襟。

"难道咱们的芦根出了什么事了？"卢莲看着丈夫说。

大伟看着二红的样子，说："也许！我们快跟它去！老黑，跟我走！"

大黑狗"汪汪"两声，跟着大伟和卢莲跑去。

13. 撕破晚霞的枪声

"砰！"

一声枪响撕破了玫瑰红色的晚霞，在空旷的大芦苇荡上回荡。

课题组组长黄教授一惊，慌忙跑出帐篷外。

卢莲身子一噤，目光惶恐地朝枪响的方向望。

大伟下意识地抓起身边的猎枪。

大黑狗冲枪响方向"汪汪"。

一群雁鸥惊慌地朝芦苇荡深处飞去。

在芦苇荡边缘，两个黑影鬼鬼祟祟地钻进芦苇荡……

14. 巴恩斯绝处逢生

巴恩斯被大黑狗给拽醒了。

他睁开眼睛，一盏马灯在他眼前闪烁着让他一生都难以忘怀的光芒。

"大黑，一边待着去。哎哎！你是谁？"芦根哈下腰，摇动着巴恩斯问。

巴恩斯支撑着身子坐起来，吃力地用中国话说："我，是巴恩斯……我是巴恩斯……"说完，又昏了过去。

芦根把马灯拿到巴恩斯面前照了照，见他长着大胡子，但胡子被泥水糊住了，看不出红色来。心里说："看来，他就是飞机要找的那个英国啥鸟类专家巴恩斯了。可他昏了过去，我一个人也弄不

095

动他呀！怎么办？"

芦根想着拍拍大黑狗，说："去！叫我爸爸来。"

大黑狗叫了声算作回答，往芦苇丛中钻去。

大约过了有半个多小时，大伟和卢莲跟着大黑狗跑了来。

"爸爸，妈妈，你们看，他说他是啥巴、巴恩斯。"芦根把马灯照在巴恩斯脸上。

"噢……大概他就是直升飞机所要找的那个英国人。"大伟哈下腰瞅了瞅，说，"看样子就是他。"

卢莲轻轻拉了拉丈夫的衣襟，悄声说："大伟，你相信他是啥鸟类专家？"

"不管他是中国人，还是英国人，救人要紧。"大伟说着抻起巴恩斯的胳膊，把巴恩斯拽到背上，说，"把他先救回我们家再说。"

常家几个人消失在芦苇丛里。

15. 三胖之死

大伟和卢莲、芦根又是给巴恩斯擦去脸上的污泥，又是给他喝水，又是喂他稀粥……也许是生存在潜意识支配着巴恩斯，他虽然紧闭着眼睛，但嘴一张一合地咽着……一阵忙活过后，他呼吸平稳了，脸色也好了些，静静躺在芦苇床上，睡着了。

巴恩斯一直睡到第二天太阳升到芦苇尖上，才撩开眼皮。

守在巴恩斯床前的芦根叫起来："爸爸，妈妈！他醒啦！醒啦！"

"这、这是什么地方？我怎么会在这里？"巴恩斯看着芦根叽哩咕噜地说着英语。

096

芦根摇头说："你说的不是话,我听不懂。"

爸爸过来说："他大概说的是英语,你当然听不懂了。巴恩斯,你饿、饿吗?"他拍拍自己的肚子示意着。

"呃呃!"

巴恩斯猛然发现了在屋子里站着和人一样瞅着他的丹顶鹤,眼睛倏然一亮,惊喜地叫了起来:"丹顶鹤!噢噢!丹顶鹤!1、2、3……3只哟!你们,你们驯养的丹顶鹤?3只!3只?"他伸出3根手指激动地比划着。

芦根瞅着巴恩斯那3根手指头,眼前就现出三胖的影子,就喃喃地说:"不,不是3只,还有三胖,三胖……"

……三胖,那只专爱抢食吃的调皮家伙,在8年前的一个傍晚,为救常大伟和小主人被枪打死了。

那年芦根7岁,三胖一岁半。

那天,芦根缠着爸爸要跟爸爸到芦苇荡外头看看。大伟被缠不过,想了想,儿子长这么大了,也该让他见见芦苇荡外面的世界了。就带上儿子和大黑狗,出了芦苇荡。

爷俩换完东西往回走,没想到有两个戴"革命造反派群众专政指挥部"胳膊箍的家伙在他们身后悄悄跟踪上来。

进了芦苇荡大黑狗在前边带路,爷俩在后头拨拉着芦苇稀里哗啦地紧跟。可是没走多远,小芦根就听到身后有动静。他抻抻爸爸的衣袖,低声说:"爸爸,好像有人跟着我们呐!"

爸爸停住脚侧过耳朵听了听,贴儿子耳朵说:"我们快走,把尾巴甩掉!"

爷俩猫下腰,跟着大黑狗在芦苇丛中快步穿行。大约走出有2里地远,芦根就累得上气不接下气了。

芦根说:"爸爸,尾巴甩掉了吧?我走不动了。"

"那我们就歇歇吧！"大伟见儿子张着小嘴急急地喘着气，满头是汗，只好找了个干地方坐下来。

可他们屁股刚一沾地，芦苇丛"哗啦"一声从中跳出两个人来。"别动！动就打死你们！"一个长得瘦猴般的家伙，手中端着一把旧匣子枪喝道。

"哼！畏罪潜逃的阶级敌人，这回看你往哪疙瘩跑！"另一个嘴巴尖尖像耗子似的家伙，手里也掂着一把破枪指着他们说。

大伟心一揪，但马上镇定下来，说："我们是进芦苇荡里打鱼捉蟹的，哪是啥阶级敌人呐！你们误会了。"

耗子凑上前，用枪嘴子指着大伟，冷笑一声说："打鱼捉蟹？嘿嘿！瞒我？我这阶级斗争眼睛雪亮呐！"

"我们不是坏人，你们才是坏人呐！"芦根脑袋一梗说。

"两位专政同志，就放了我们吧！"大伟求饶着。

"我们决不放过一个阶级敌人！走！跟我们到'群专'去！"瘦猴吼起来。

"走！一看你们就不是好人。想逃避无产阶级专政？妄想！"耗子踢了大伟一脚。

"呜——汪！"

大黑狗见主人被人欺负，旋起来扑向耗子。

"妈呀！"耗子惊慌地挥手一枪。

"砰！"

大黑狗在半空中折了个个儿摔下来，大腿上流着血，躺在地上呜呜叫着。

"妈的！我跟你们拼了！"大伟一拳打过去。

"雪——阿红——胖儿——黑儿——"芦根扯嗓子冲天空叫喊。

"小兔崽子！叫你喊。"瘦猴一脚把芦根踹个倒仰。

"他妈的！再敢动一动就崩了你们！"耗子后退一步,瞄准了大伟和芦根。

"号号！号号！"

芦根激灵一下子,他听出是三胖的叫声,高兴得喊起来:"胖儿胖儿！"

"号号！呃呃！"

一只丹顶鹤出现了,闪电般冲向瘦猴和耗子。

"三胖,小心！"大伟见瘦猴举起了枪,大喊着朝瘦猴扑去。

"砰！"

三胖被打中了,羽毛雪片般在半空中纷飞。它折着个儿栽下来。

"哈哈！打中啦！"耗子得意忘形地手舞足蹈。

"快,抓回去吃鹤肉哇！哈哈！"瘦猴张着胳膊扑上去。

三胖扑打着翅膀往芦苇丛里逃。

瘦猴和耗子追过去。

"三胖！三胖！"芦根爬起来要挡住他们,被爸爸一把拉住了,低低地说:"还不快跑！"

大伟抱起大黑狗,和儿子一转身转进了密密扎扎的芦苇丛。

他们一口气跑出好远,身后响起"砰砰"两声枪响。

芦根身子一激灵,站下来冲身后拼命喊了声:"三——胖——"泪水就噼里啪啦地掉下来。

"是三胖救了我们。仙鹤通人气啊！唉！三胖……"大伟深情地朝天空望了望,说,"我们回家吧！"

芦根嘴里叨念着三胖,泪洒了一路。

回到家,他们还没坐稳,就听外面传来"号"一声鹤叫。

芦根跳起来撞开门,正瞅见一只丹顶鹤从天空歪歪斜斜地栽下来,摔到他眼前。

"三胖！三胖！三——胖——"芦根抱着三胖放声大哭。

三胖的前胸流着血,长长的大嘴衔着一块血呼呼的肉。那样子好像是人的眼睛。可以想象,三胖是装做被打中的,然后把坏人引开,之后叼瞎了一个家伙的眼睛,带着伤硬是飞了回来……

三胖死了。

大伟一家人悲伤了好些天。

7岁的芦根流了一天泪,两天没吃饭。

……

"OK！OK！"巴恩斯激动得嘴唇哆嗦着,伸出颤抖的双手像是要拥抱丹顶鹤似的向前够着。

芦根把身子挡在3只鹤前,瞪起眼珠子说:"不许你碰它们!不许你碰！"

"啊？！"巴恩斯被芦根的神情给怔住了,手僵在那里。

"英国人,你到底来干什么？"大伟厉声质问。

巴恩斯嘀哩嘟噜地说着,大伟一句也听不懂,急得直跺脚。

卢莲在一旁唠叨着:"救了这个外国人,不知道是福还是祸呐！"

大伟指着巴恩斯冲儿子说:"看住他,不许他乱动。"

"我看住他！"芦根狠狠瞪了巴恩斯一眼,把他的手拨拉到一边,说,"你敢动,就打断你的腿！"

16. 两个鬼影

两个黑影背着背包,提着猎枪,朝芦苇荡深处摸去。

一个长得瘦猴似的。

一个尖尖下巴颏,耗子嘴似的。

瘦猴瞎了左眼,剩下一只右眼在暮色中放着贼光,回头对耗子嘴说:"耗子,这回咱们码到那家伙的脚溜子(脚印)了,一准能抓到仙鹤。"

"大哥,老鳖说一只给 5000 元,可别唬咱们哥们儿啊!"耗子嘴说。

瘦猴眨了下右眼,说:"他敢!老鳖他要是敢唬咱们……哼!我就把他的勾当报告自然保护区派出所。"

"万一我们偷不成……被那家伙给发现了咋整?"耗子说。

瘦猴的右眼发出凶光,牙齿咬得咯咯响,说:"妈的!他的鹤叨瞎我一只眼睛,我就要他拿命来偿!"

"大哥,人命可是关天哪……"

"嘿嘿!茫茫芦苇荡,荒无人烟,杀了他谁能知道?"

"大哥说的在理。可是……还是别惊动他们为好。"

"你他妈的……咋变得兔子胆儿了呐?"

耗子不吭声了,默默地跟着瘦猴身后。

17. 对讲机响了

巴恩斯被限制了自由。吃给他吃,喝给他喝,就是不许他出屋。不管他怎么"说",大伟摸不清这个英国人的底细,不敢让他随便走动,就让儿子把他看得死死。

巴恩斯急得如热锅上的蚂蚁,坐也不是,站也不是,在屋地上走来走去。

"给我老实点儿!坐床上去!"芦根端着猎枪命令。

巴恩斯耸耸肩,摊摊手,摇摇头,作了个无可奈何的动作,坐到

床上去了。

他到常大伟家已经有一天半时间了,当他看到3只丹顶鹤和他们生活在一起亲人似的亲昵,就捺不住一阵阵激动。他知道是丹顶鹤发现了他,才把这家人引去救了他的,就更加深厚了对丹顶鹤的感情。坐在床上他暗暗思忖:在古中国有西周卫国国君卫懿公"爱鹤不爱民"而亡国、三国时费文韦"已乘黄鹤去"而成仙的传说,可在民间驯养丹顶鹤还是第一次亲眼看到。虽然我这次来是为了完成《中国北方丹顶鹤种群栖息繁殖地考察》课题研究的,可如果能把中国北方人为驯化养殖作为一个课题予以研究的话,对保护丹顶鹤不也是个贡献吗!看来这家人家在大芦苇荡里已经居住多年了,他们既然驯养丹顶鹤,那么就不仅仅有3只丹顶鹤,可能还有好多只。可那些鹤在哪儿呢?唉!我被困在这儿与同事们联系不上,想法再好也是徒劳的。怎么办?怎么办?……

他寻思着,打开背包,把里面的东西一件一件拿出来放到床上。当他拿到那个对讲机要往床上放时,停住了。"我弄弄它,也许……"他心里说着,就把对讲机的电池盒盖打开,抠出那两节高能电池,看看,不像没电。再打开对讲机的后盖,噢!里面进了水。于是,他用手绢把水汲干,放到阳光处晒着……

对讲机晒干了,他重新装好,打开开关,试探着吹了两下风,对讲机发出咔咔的响声,让他差点儿叫起来:"噢!乖乖,有回声嘞!喂喂!我是巴恩斯,我是巴恩斯!"

18. 卢莲被坏蛋劫为人质

早晨,大伟和卢莲到离家西北方向二里多地远的一个大水泡

子捕鱼。

大泡子里的草根鱼、鲫鱼、白漂子,淡水鱼多得是。大伟用网把鱼捞上来,留下尺把长大的,小的都放回泡子。

卢莛在岸上用刀给鱼刮鳞、开膛,拿出内脏,然后拍平,再摆到苇帘子上晒。

"卢莛,你先回去看看咱们儿子啊!"大伟在泡子里冲妻子说。

卢莛放下手中的活计,说:"天还早呐!"

"我是怕那个英国人……"

"噢!那我这就回去。"

卢莛说着拍打拍打手,就朝家走去。

瘦猴和耗子整整走了一整夜,终于码着大伟他们趟下的"路",摸到了常家住的地方。

瘦猴没敢轻举妄动,他猫在不远的一簇茂密的水稗草丛里,先让耗子到房子附近探探情况,然后再动手。

耗子去了不一会儿,猫着腰跑回来,到瘦猴跟前说:"屋子里有两个人。"

瘦猴急问:"尽啥人?"

"一个是长着大胡子的,看样子像是外国人。还有一个十四五岁小小子,端着一支猎枪。"

"一个外国人……一个端枪……那这家的老爷们儿和老娘们儿上哪儿去了呢?"

"大哥,咋办?"

"我们要是冒冒失失地闯,屋里的人有枪不说,那两口子要是在外面埋伏,给咱们来个里应外合……那可就坏了。"

"大哥,我们是不是先在外边寻寻?"

"耗子,你小子脑袋瓜子也变聪明了耶!"

这两个坏家伙合计妥了,就离开常家茅草屋,朝西北方向搜索过去。刚刚走出二三百米远,听到芦苇丛哗啦哗啦响,慌忙闪到一边。

卢莛正拨拉着芦苇急急忙忙往家走,瘦猴和耗子突然蹿出来把她头一蒙就往苇丛深处拽。

19. 巴恩斯呼叫

"我是巴恩斯,巴恩斯呼叫! 我是巴恩斯,巴恩斯呼叫! "

黄教授简直不敢相信自己的耳朵,对讲机竟然传来巴恩斯的呼叫声。他抓起对讲机,放在耳朵边,听着,听着……才想起与巴恩斯通话:"巴恩斯,巴恩斯,我是课题组基地,我是课题组基地! 我是老黄! 你在哪里,在哪里? "

"黄教授,我在芦苇荡腹地。究竟在什么位置我不清楚。不过黄教授,您可以通过我的对讲机寻找方位。"

"好! 巴恩斯先生,您把对讲机一直开着,我马上乘直升机出发去接你。哎哎! 你现在怎么样? "

"我在一个人家里,放心吧,不会发生什么的。"

"好,我马上就到。"

"呃呃! "

"号号! "

巴恩斯趁芦根出去的工夫,急忙向基地呼叫。此时听到屋外传来丹顶鹤的叫声,就知道那个看守他的少年回来了。连忙把打开着的对讲机放进背包里。

芦根回到屋子见外国人老老实实地坐在床里,说:"你想跑吗? 跑出去就会迷在芦苇荡里。哼! 死路一条。"

104

巴恩斯冲芦根耸耸肩,摊摊手,做了个鬼脸。

20. 三鹤救女主人

大伟等了一会儿不见妻子回来,再等一会儿还是不见妻子回来,不禁有些发慌,就上了岸扔下鱼网,从地上拾起那把拾掇鱼的刀子,匆匆朝家走。

他急慌慌地到了家,问儿子:"芦根,你妈呢?"

芦根说:"我妈她没回来呀!"

"没回来……那她上哪儿去了呢?"大伟要往屋外走。

芦根操起猎枪,说:"啥?我妈她不见了?爸爸,我跟你去找。"

大伟拿眼睛斜斜巴恩斯,拽过儿子低声说:"这家伙咋办?你寻思寻思,你妈不见了,会不会和这家伙有关?"

芦根低头寻思着说:"用不着看他,把他手绑起来不就得了吗。他跑就让他跑,自找死路。"

"好!绑了他的手。"大伟找到一根绳子。

芦根过去几下子就把巴恩斯绑了个结实,说,"你给我老实地待着,"他手往屋外指指,"要跑就跑吧!"

巴恩斯被大伟爷俩的举动给弄得莫名其妙,他耸耸肩,但摊不了手了。

出了屋,芦根冲天空喊叫起来:"雪雪雪!阿红阿红!黑儿黑儿!你们回来呀!快回来呀!"

"汪汪汪!汪汪汪!"大黑狗也扬脖跟着呼喊。

他们等了等,不见 3 只鹤的回声。

芦根急得直跺脚。

"芦根你带着大黑,我们分头去找。"爸爸吩咐着,掂掂手中的刀,朝西南方向跑去,身后的芦苇哗哗啦啦一阵摇晃。

芦根叫起大黑狗,拎着猎枪朝西北方向跑去。

"号号!号号!"

芦根走出没多远就听到鹤的叫声。从它们的叫声里他可以听出焦急和愤怒来,就觉得它们遇到了什么危险,把手中的枪往起提了提,像一头小鲨鱼般钻进绿色的苇浪。

芦根登上一块高地向四外寻看,终于发现了3只鹤翻上飞下如飞机俯冲般与什么搏斗着。

"不好!"他大叫一声,跑下高地。

原来,大雪、二红、小黑3只丹顶鹤正往家飞时,发现了被绑架的女主人。它们从卢莲的叫喊声中辨出是女主人,就轮番俯冲下去,向瘦猴和耗子进攻。

瘦猴有了被鹤叼瞎眼睛的教训,见鹤冲他而来,便急忙躺到地上,身子拼命骨碌,像磙子似的把芦苇压倒,压出一个空场,然后把枪倒提着,准备用枪把子迎击进攻的鹤。"过来,过来!别开枪。"他召唤耗子。

耗子靠过来,恐惧地瞟着丹顶鹤,问:"我们咋办?"

瘦猴说:"我们背靠背,用枪把子打它!"

大雪、二红、小黑俯冲了好几次,可无奈这两个家伙把枪把子抡得不透风般,几次接近他们,但都是被打了回去。

当芦根跑到瘦猴和耗子他们跟前时,3只鹤停止了进攻,"呃呃"叫着飞到小主人身边。

大黑狗汪汪咬着要往上扑,被芦根喝住了。

瘦猴见来了人,把枪口对准倒在地上的卢莲,吼道:"小崽子!你敢动一动,我就打死她!"

"妈妈！妈妈！"芦根也把枪对准了瘦猴喊。

"芦根，别乱来。把大雪它们叫回去！快快！"妈妈的头被套在口袋里催促着。

"妈妈！你咋办？咋办？"

"别管妈！快回去！快！"

21. 巴恩斯舍身救芦根

大伟正在芦苇丛中穿行着寻找妻子，突然一只鹤飞来，是小黑，冲他"呃呃"地叫。他听明白了，是在叫他去。于是，他随着小黑往家跑。

大伟跑回家，见两个家伙正与枪对枪的儿子对峙着。一个家伙用枪逼着卢莛，一个对着芦根。儿子瞪着愤怒的双眼，而那家伙只瞪着一只右眼。

大黑狗蹲在芦根身边，准备随时出击的样子。

3只鹤站在屋顶上，冲天空不时叫两声。

瘦猴见来了援兵，冷笑一声开口道："人来了就好。你给我听着，我们来没别的，就是为了要两只鹤。"

"要鹤干啥？"大伟硬硬地问。

"不跟你绕圈子，要鹤换钱花。"

"我要是不答应呢？"

"我这有两条枪，你们就一条，看谁吃亏？"

"这个……"

大伟低头想了想，装作害怕的样子，说："我们还是顾命要紧。这样吧，我给你们两只鹤，你们就马上离开这里。"

107

不等那两个家伙张口,芦根不让了,说:"爸爸,不能给他们!不能给!"

瘦猴嘿嘿一笑,挺一挺枪说:"不给?那就拿命来吧!"

耗子抖抖枪,说:"我大哥被你们的鹤给叨瞎了一只眼睛还没找你们算账哪!不给?那就用枪说话了……"

"啊?!你们、你们……"大伟瞪大了眼珠子盯着他们,终于认出了这两个家伙就是在8年前追杀他们的"群众专政指挥部"的造反派,怒火不禁从心头燃起,牙齿咬得咯咯作响。

"爸爸,不能把鹤给他们!他们会杀了鹤的。"芦根见爸爸犹豫不决就大声喊着,并把枪向瘦猴抬了抬。

大伟不再说什么,过去抬手就给儿子一巴掌,骂道:"混账!是鹤要紧,还是人命要紧啊!混账东西!"

芦根平生还是头一次挨爸爸的打,被打得莫名其妙。他瞅瞅爸爸,见爸爸的眼睛放出异样的光,好像猜到了什么,可又不明白是什么意思,只好不吭声了。

"大雪、二红,下来!来!"大伟冲屋顶上召唤。

大雪和二红飞落到大伟跟前,围着主人"呃呃"地叫着。

耗子把一条袋子扔过来,说:"好吧!你把它们装到袋子里。"

大伟嘴里叫着"大雪过来",抱过它,要往袋子里放。

芦根急了,把枪口往瘦猴近前抵抵,说:"爸爸,你要把大雪和二红给他们抓去,我、我就打死他!"

瘦猴还是冷笑,把枪掂掂说:"小子,我这也不是烧火棍。"

耗子也把枪口紧抵在卢莲的头上,说:"小嘎子,你枪一响,可就打在你妈脑袋上了。"

"你敢!"大伟冲耗子吼了声。回头给儿子使眼色,说:"把枪收起来!"可芦根根本不理会爸爸的用意,还是把枪握得紧紧。

他们就这样怒目对怒目,枪口对枪口地对峙着,茅草屋前极静,只有芦苇随风沙啦沙啦的摩擦声飘来荡去。

"嗡嗡嗡……"

一阵飞机声从空中传来。

瘦猴警惕地朝天空望望,对耗子说:"来飞机了。"

瘦猴说:"妈的要坏事儿!"

耗子说:"下手吧!"

瘦猴脸上堆着笑,可手指却悄悄扣动扳机,想打芦根个措手不及。可就在他的扳机还没扣到底当儿,巴恩斯倒剪着双手,像一头发怒的狮子,"嗷"地一声从屋子蹿出来,一肩膀撞开了芦根。与此同时,瘦猴手中的枪响了。

"砰!"巴恩斯身子一噤,晃了两晃,站住了,鲜血从他左肩膀流下来。

芦根被巴恩斯撞出三四米远,摔倒在那里。

22. 直升飞机来了

黄教授收到巴恩斯的呼叫,就带上两位自然保护区警察,急忙登上直升机,边搜索巴恩斯那台对讲机的方位,边朝芦苇荡中心进发。

很快,直升飞机到了常大伟家茅草屋上空。

黄教授一眼就看见了屋顶上的 3 只丹顶鹤和房子前边的几个人。飞近了,他才看清那些人中有三个人手里端着枪对峙着,倒吸一口冷气。他感到事情不妙,就让飞行员马上降落。没想到,还没等直升机着陆,巴恩斯冲了出来,瘦猴的枪响了。

瘦猴和耗子一见落下来一架直升飞机,大叫"不好",拖着

枪转身钻进了芦苇丛。

大黑狗"嗷"地一声追了过去。

芦根不知道巴恩斯为啥要撞他，爬起来抓住枪正要冲巴恩斯发火，一瞅巴恩斯的肩膀流着血，才明白原来是为了救他才撞了他一膀子，才受了伤的。他扔下枪扶住巴恩斯，叫着："大胡子，你、你没事儿吧！你可别死啊！"

巴恩斯捂着流血的伤口，笑了笑，摇着头说着"没事没事"，可他们没一个人听得懂。

这时黄教授和两位警察从直升机下了来，见巴恩斯受了伤，黄教授用英语问："没事吧！巴恩斯。"

巴恩斯说："没事没事，快去追坏蛋！"

黄教授说："不不！得马上把你送回去治疗！"于是，就让两位警察把巴恩斯抬上飞机。

巴恩斯蹬达着两腿，叫喊着："不不！不！我不能回去！我要和他们追捕罪犯！追捕罪犯需要直升机。"

黄教授没办法，只好答应巴恩斯，让他在直升机上和他们一起追捕罪犯。

大伟抓过猎枪，跟黄教授说："让我也去！"

黄教授看看大伟，点点头。

大伟回头冲儿子说："保护好你妈妈！"

直升机起飞，升上芦苇荡上空……

23. 芦根只身追进大苇荡

瘦猴和耗子刚刚钻进芦苇丛，大黑狗就从后头扑上来，一口咬

住耗子的右腿不放。咬得耗子"嗷嗷"怪叫。

瘦猴骂了声，抽出短刀照大黑狗的肚子攮下去，再一划，大黑狗的肠子就流了出来，惨叫在地上翻滚一会儿，蹬了蹬腿，死了。

瘦猴在大黑狗身上擦了擦刀上的血，眨着诡诈的独眼，对耗子说："我们不能再往芦苇荡里头钻，要是钻迷了路，还不如死在这疙瘩。"

耗子问："那咋整？"

瘦猴说："就蹲在这疙瘩不动地方。他们还以为我们跑远了呐！"

耗子说："高，大哥的道行真高。"

于是，他们就找了块茂密的芦苇丛藏下来。

芦根望着直升机飞上天空，见坏蛋又钻进了芦苇丛，急得直跳脚。

"呃呃！号号！"3只鹤围着小主人叫着，也好像要去追坏蛋，急得不得了似的。

"咦！"芦根转转眼珠儿，冲妈妈说，"妈，你一个人敢不敢在家？"

妈妈说："咋不敢？"

"那妈你就在家等着，看我咋把坏蛋抓住的！"

"芦根，你咋个抓法？"

"我不抓，让鹤去抓。"

"让鹤……"

"妈，你看我的……"

儿子说着，对大雪、二红、小黑打着往起飞的手势，说："大雪、二红、小黑，你们快飞上天空！快！快！"

3只丹顶鹤很听话，拍打着翅膀飞上天空，伸长脖子"号号"地鸣叫。

"妈等着。"芦根对妈说了声，一猫腰钻进芦苇荡。

"吱儿——吱儿——吱儿——"芦苇荡里响起尖厉的口哨声。

24. 群鹤围攻坏蛋

直升飞机在天空中盘旋了好半天,只见飞机下面苇浪滚滚的绿色波涛,而怎么也寻不见逃跑的坏蛋。

黄教授一边替巴恩斯包扎着伤口,一边问大伟:"老弟,你看该怎么办是好?"

大伟发现飞机飞高了,发现不了人在钻芦苇时的晃动;飞低了,飞机搅起的巨大气流又把芦苇吹得乱摇。看来在飞机上要想搜索两个藏在芦苇丛中的人,是件很难的事。他瞅瞅黄教授,再瞅瞅巴恩斯,说:"我们再飞回去吧!"

"飞回哪儿?"黄教授问。

"我的家。"大伟说,"或许我那3只鹤能帮助我们找到坏蛋。可是……"

黄教授说:"他们手里头有枪,会伤了它们的。"

"这……"大伟迟疑了。

他正说着,飞行员突然发现斜南方向卷起一片白色,那白色渐渐形成一个大大的圆圈,在芦苇上空盘旋。"你们看,那是什么?"他指了指。

大伟奇异地喊道:"鹤!咋这么多鹤!"

黄教授趴到直升机弦窗望着,兴奋得不行,高声叫喊:"啊!啊哈!我们发现了这么大的鹤群呀!老弟,是你驯养的丹顶鹤?"

大伟疑惑了,他也不知道怎么会一下子飞来这么多的鹤,就摇摇头说:"不,不是。我们家养的就3只啊!"

是的。3只鹤飞上天空,高亢的叫声传出好远好远。芦根再打起呼唤群鹤的口哨,不大会儿就把藏在广阔的大芦苇荡中的丹顶鹤给呼唤出来了。先是1只、2只,接着是5只、6只……10只……15只……18只……霎时聚集在一起,就像雪白雪白的云朵飘荡在墨绿的天空上。

这是芦根的秘密,他一直瞒着爸爸妈妈。平时,他领着3只鹤在芦苇荡里玩,偶然间发现它们一叫,别的野鹤就纷纷从芦苇丛中钻出来,和它们一起玩耍。一开始,他在一旁偷偷看着,时间长了,他就试探着接近野鹤。野鹤见大雪、二红、小黑3只老鹤不怕芦根,也就不怕了,渐渐和芦根熟了。芦根就打着口哨指挥着他的3只鹤,率领着野鹤往东飞,往西飞,往南飞……再打个口哨,它们就飞回来,嘿!好玩极了。今天,芦根突然想起了野鹤,就让大雪、二红和小黑飞上天空,召唤野鹤帮他抓坏蛋。

3只鹤领着足有20多只的野鹤很快找到了瘦猴和耗子,并在他们上空围成了一个包围圈。

瘦猴望着天空中突如其来的一大群丹顶鹤围住了他们,不禁慌了起来,对耗子说:"开枪,开枪打!把它们吓跑。"

"砰砰!"

子弹打中了野鹤,雪白的羽毛在天空中纷纷扬扬。但是,没有一只鹤被吓跑。

"砰砰!"

二红显然被击中了,歪歪斜斜落下去。

"砰砰!"

洁白的羽毛就像冬天漫天飘荡的雪花,在天空中飘飘洒洒,悠悠地坠落着,坠落着……

蓝蓝的天空、洁白的羽毛、墨绿的苇海……

枪声不但没有吓住丹顶鹤,反而激怒了鹤群。一只只丹顶鹤发疯似的俯冲下去,如一颗颗炮弹向瘦猴和耗子"轰炸"。它们用长长尖尖的大嘴叼他们的手,啄他们的脸;用强有力的翅膀拍打着他们,把这两个家伙打得一个跟头又一个跟头……

25. 别了,大苇荡

瘦猴和耗子被群鹤叼得遍体鳞伤,趴在地上再也不敢动弹了。

芦根冲过去……

直升机降落下来……

两个坏蛋被押上了直升机。

二红雪白的羽毛被血染得鲜红,芦根抱着二红哭得要多伤心有多伤心。

黄教授跟大伟说:"你们不要再怕了,文化大革命结束了,外面的世界变了,你们还是到大芦苇荡外面去,开始新的生活吧!"

芦根问黄教授他的鹤咋办?黄教授说,我们在自然保护区成立个"人工驯化丹顶鹤试验场",你们就在试验场继续驯化丹顶鹤,就能天天和它们在一起了。芦根这才点了头。

大伟、卢莲和芦根登上直升飞机,朝大芦苇荡外面飞去。飞机后头,跟着一大群丹顶鹤,扇动着翅膀拼命追着,追着……

大伟望着那座茅草屋、那群丹顶鹤,泪水流了下来……

卢莲的眼圈红红的。

芦根大声叫喊着大雪小黑的名字。

直升飞机渐渐飞远了,群鹤仍然追着,追着……它们在浩瀚的墨绿色的苇浪上飞翔着,远远看去就像溅起雪白的浪花。

我家的月光电影院

薛　涛

我家的露天电影院只演了六天，

电影院不在了，月光还照耀着我家的院子。

——题记

第一天

那天放学，发现胡同口槐树里的蝉不叫了。问树下的擦鞋老徐，老徐爷爷告诉我，立秋了，这些小东西就老实了。闹了一个夏天突然没有声音了，就觉得要有什么事情发生。

晚上，赵叔叼着长长的烟卷来了，告诉爸爸造船厂他们的车间大检修，这两个月不用上班了，工资发 50%。

爸爸把赵叔的烟卷折下一半，点着长长吸了一口："嘿，不错啊，自由了……"

我正在写作文，题目是"金色的秋天"，撕了六页纸，才写出这样的开头："在秋天里，农民伯伯高兴地收割果实，工人叔叔兴高采烈地加班加点……"爸爸放假了，去哪加班加点，开头还得重写。

我扔了铅笔，凑过去："爸，是不是下岗啦？看你那样子就是下岗了。"

爸爸打起精神，眼睛也明亮起来："没听清楚吗，是短期检修，一入冬咱就又上班了。"

"啊，是这样，那你蔫什么呀？"我歪头看着爸爸。

爸爸马上挺直了身子："谁蔫了？这不是好好的吗？"

这还差不多，像个男人。

晚饭时妈妈也听说了爸爸的"悲惨遭遇"。妈妈劝爸爸，那就闲着，有机会再干点别的。我向全家保证，以后每顿饭吃半饱，宁可饿死也不再买零食。爸爸嘿嘿笑了，说，你混那么惨要我还有什么用。妈妈也笑了，让我别捣乱，赶紧写作文。其实我心里明白，以后我们得靠妈妈在服装厂工作的收入了。我和爸爸，两个男人，让一个女人养着，真惨啊！

我跑进自己的房间，做的第一件事是给李小蝉打电话，告诉她以后再买零食别带我那份了，除非她埋单，我爸爸造船厂放假了。李小蝉也理解成了下岗，所以特别同情我，说以后都是她请客了，只要她兜里有钱我就饿不死。我感动得直流鼻血，一口气写完了那篇作文。

李小蝉够朋友。这几年我俩一直在一个班，我可没少请她吃这个吃那个的。算算，单是虾条也有100袋吧！

爸爸喜欢看电影频道。平时爸爸是坐在小客厅的沙发看，我只能偷偷地从门缝瞥两眼。爸爸以前在电影放映队工作过，所以对电影有点特殊感情。爸爸一直这样说，他跟张艺谋、徐静蕾是同行，都是电影工作者。听听这话也没毛病。

今晚演的是个枪战片，我刚在门缝里看两秒钟，爸爸啪地关了

电视,一头钻进储藏间开始翻东西,稀里哗啦的。过了一会儿,顶着一头灰尘出来了,手里抱着一个很旧很旧的大箱子。真不知道我们还有这么一个家底。我问这是什么,爸爸并不答话,很神秘的样子,小心地把箱子放下。

爸爸长长呼出一口气:"哎,搞个问卷调查,你说现在还有没有人愿意坐在院子里看电影?"

我想都没想:"愿意啊。那多有意思啊,比憋在家里写作业强多了。要是大人和老师同意,我们班同学100%都愿意。"

爸爸又问妈妈,妈妈见爸爸认真,想了想:"老电影院早改成大众舞厅了,要是能坐在院子里看看露天电影,挺美的。"

爸爸得意地笑笑,把那个大箱子调了个方向,用袖子掸掸灰尘,一按卡簧,盖子迟钝了一下,还是砰的弹开了。里面躺着一架破烂机器。

妈妈说:"你把这玩意儿找出来干吗?"

爸爸不多说什么,只说有用有用,一会儿你们都得服我。

爸爸把那架机器轻轻搬出来,怕碰坏了零件喊我帮忙。我伸手接了一下。接着爸爸又找出一个工具箱,里面也藏着许多家什,那些东西我只认识钳子,其他奇形怪状的就不知道叫什么了。但是爸爸还是要我给他当帮手,给他递这个那个的,像伺候手术师一样,开始修理那架破烂机器。他对这架老机器兴趣浓厚,一会儿"钳子"一会儿"螺丝刀"。我稀里哗啦的翻腾,最后还是他自己找出来的。结果令爸爸很沮丧,跟妈妈要钱,说明天要去五金商店买零件。妈妈不肯给钱,说没必要再往这个东西上搭钱了,你要是闲得没事做出去下棋得了。爸爸说你知道什么,拿钱买零件修理它是正常投资,有利润的。妈妈不相信这个破烂机器还能产生利润,死活不给钱。

117

爸爸急了，说："我家的电影院就要开业了。你还怕什么！"

爸爸修理的机器是一架电影放映机，当年电影队解散时爸爸用两条烟换了这架废品，只图留个纪念。谁想到现在它要发挥余热了。

妈妈想了想，同意给爸爸"投资"，但是要求爸爸合法经营。爸爸说合法经营要办不少手续，咱们先试试再补办手续。妈妈勉强同意了。听说爸爸上学时就是一个爱违反纪律的学生，他这么干也不奇怪。

第二天

早上，爸爸把他的破烂放映机绑在自行车后面。照例要我帮忙，还不让我碰这碰那，好像这东西马上就可以造钱了。我问爸爸，像我这样经常帮忙的算不算投资，将来赚钱了应不应该分得利润。爸爸说我的劳动算入股，我们这个电影院可能算股份有限公司呢，以后当外人的面要正规点，得叫他总经理吧。我问那我是什么呢？爸爸想了想说："副总经理你妈当了，你就当合法继承人吧。"我问："你是说这个放映机以后就归我了？"爸爸点点头。我乐坏了，就当合法继承人，这个职位好像比副总经理好多了。

爸爸只吃了一点饭就带着他的造钱机器出发了。自从昨晚决定做这个事情，爸爸兴奋得像个低年级的小豆包。

妈妈和我也都没吃下饭。按照总经理的安排，早上妈妈负责归整我家的小院，把这里改造成一个露天电影院。基础还不错，我家的围墙高高的，面积也有排球场大小，坐几十人没问题。妈妈把家里能用的椅子、凳子、小沙发都算上了，可惜才九个座位。我说我可以把我的椅子让出来。妈妈说那不行,你还得学习呢,你的椅子不能用,宁可搬点砖头过来。我说家里办这么大一个股份公司,我是合法继承人应该作点贡献,宁可不写作业了,站着陪大家看电影,顺便维持维持秩序。妈妈掐了一把,告诉我休想。

眼看着妈妈津津有味地工作,我却不能参与,还得上学去。

下课时我可没闲着,尽给我家的电影院做广告了。我先告诉李小蝉:"喂,我家开了个电影院,欢迎你去啊。凭我俩的关系,我跟副总经理说说,票价给你打半折。"

李小蝉开始不信,后来相信了,问票价多少钱,凭我俩的关系应该免费的。我同意考虑考虑,但我家的电影院特别正规,免费的事情得跟总经理商量呢。

李小蝉问总经理和副总经理都是谁,我如实告诉他,一个是我爸一个是我妈,我本人是合法继承人。听罢,李小蝉马上对我更加密切了几分。

我利用课间和课堂上,向所有同学宣传了我家的电影院。办了公司不做广告不行啊!

同学都觉得坐在院子里看电影很新鲜,急着问什么时候开演,是不是今天晚上就可以去了,还问多少钱一张票。我一时也回答不了,心想:"要当总经理就好了。" 也不知总经理爸爸的放映机修理好了没有,得抓紧时间了。我这里客户可不少了。

熬到放学,我飞奔着回家,李小蝉气喘吁吁跟在后面,被我落下好远。

爸爸已经在院子里忙着,笑眯眯的样子。妈妈去街坊邻居家宣传去了。

爸爸修好了放映机,还从电影公司上班的舅舅那里搞到一个老片子,叫《地雷战》。我早就听爸爸说过这个片子,但是没看过。爸爸把放映机支在院子中间,把一个圆盘安装在放映机的轮子上,院子里弥漫着电影胶片的特殊味道。李小蝉傻傻地看着,她是喜欢上这架机器了。我提醒李小蝉离那东西远点,很贵的。李小蝉乖乖地闪开了。这厉害丫头在我面前还从来没这么听话过。

李小蝉不停的问什么时候开演,我故意装作稳重的样子告诉她没那么简单,那机器复杂着呢。其实我也着急了。

爸爸搞定了放映机,要我俩帮他支银幕。我还没看见银幕的影子。爸爸又钻进了一储藏间,真不知道那里面还有多少家底。爸爸再出来时拿一团白布出来,展开一看,皱巴巴的不知裹了多少年了。这样可不行。爸爸用熨斗细致熨了一遍,这块皱巴巴的白布变成了平整的银幕。爸爸从没给我熨过衣服,干起老本行来他就是用心。

我们把银幕搭在屋檐上面,自然下垂罩在窗户前面。对面十来个凳子摆放得整整齐齐的,今天没摆砖头。妈妈说了,第一天,来人不能多。我兴奋得在院子里跑来跑去,李小蝉忘了回家了,在我身后跟着。李小蝉小声跟我嘀咕,今天免费吧,我也没带钱啊。我要她沉住气,先别声张。

一家人手忙脚乱的,忘记了做晚饭。天要黑下来的时候,爸爸和妈妈还没定下票价,爸爸说三元,妈妈说两元。妈妈的意思都是邻居和熟人,要钱都不好意思呢,象征性收点不白演就行了。这两天尽爸爸说话算了,妈妈这副总经理只是干活的份。妈妈说以后不能什么事情都你做主,关键的事要全家举手通过。妈妈看着我给我使眼色。爸爸觉得有理,问我的意思。我说那就两元吧,于是定下票价:两元一张。

这时李小蝉大声说："就是两元我们小孩也看不起呢。"我提醒她这是公司内部的事,她没资格发言。但是李小蝉说的有些道理,我采纳了她的建议,我就提议学生半价,一元。然后举手看着妈妈。妈妈举手同意。李小蝉没犹豫也举了手。我按下她的手,告诉她这还是我们股份公司内部的事。李小蝉不好意思了,赶紧放下手。防止再犯,她把两手背在身后,像上课认真听讲的姿势。

学生半价也获得通过。爸爸气得不行,悻悻地说这样干要是挣钱才奇怪。

最后,详细分工,妈妈看门收钱,爸爸负责放映。

爸爸还找到一块木板,用粉笔写上:

电影院今日上映《地雷战》
票价:成人2元　儿童1元。

我把木牌子挂在大院门口,做完这个爸爸告诉我再没我的事了。

我说,这样也太不合理了,都是一个公司的,我哪好意思待着? 这次爸爸和妈妈没有争议,异口同声的:"把耳朵塞住。写作业。学习。谁说让你待着啦! "

妈妈还对李小蝉说:"你也回家吧,愿意看周六来。"

李小蝉赖着不走,还哀求呢:"看看开头不行吗? "

妈妈不答应。

我说那留下来,跟我一起写作业。

妈妈没反对,把门从外面挂上,放心地走了。妈妈刚走我把手伸出去,轻易打开了它。妈妈太低估我的智商了。李小蝉有点崇拜地看着我。

第一个观众是爸爸一个车间的赵叔。他闲着没事，是来找爸爸下棋的。一进院门，就看见门口的木牌子，觉得不对劲。爸爸说："搞了个电影院，你免费。"

赵叔说："地雷战！小时候看过，有意思。"

赵叔坐下来吸烟。爸爸一边讲着小时候看露天电影的妙处，一边忙着调试放映机。

爸爸没经过我和妈妈同意，随便给他的老朋友免费了。爸爸又违规了。

不久，三三两两来了几个邻居，掏出零钱来给妈妈，然后嘻嘻哈哈进来坐下。妈妈一脸的害臊，好像那钱不该拿似的。幸亏我家刚搬来几个月，跟周围的人不熟悉，不然妈妈非辞职不可。有两个人是出来散步，遇见这里演电影，没带钱，要欠着。妈妈的意思可以欠着，但爸爸不同意，还掏出粉笔在木牌下面填上：概不赊欠。这两人就跟认识的人借了零钱，进来了。妈妈一再说不好意思不好意思。人家说没什么，商品社会嘛很正常的。爸爸说就是的，没什么不好意思。

这下赵叔坐不住了，掏出两元钱要塞给妈妈。爸爸说这样吧，只给你免一天的，再来收你的钱。我举起手说同意。妈妈忙着收钱呢，没注意这边的表决。赵叔这才安心坐好，感激地看着我们一家人，像欠了我家多少人情似的。

天黑下来时，院子了总共坐了 8 个观众，还算上免费的赵叔。我替妈妈算了账，用的是乘法：$2 \times 7 = 14$。妈妈收到 14 元了。第一次发现上课学的东西还真有用，我赶紧退回屋去，对李小蝉说："好好学习吧，将来真有用的。"

李小蝉只关心电影什么时候开演。院子里买票的 7 个人也着

急了,借钱买票的两个人说再不演要退票了。爸爸跷脚看看院外,没有人再来的迹象了,让妈妈临街再吆喝一下,妈妈试了半天也张不开嘴,只好罢了。爸爸很不满意,只好答应马上开演。很快,放映机的轮子转起来,音乐开始了,因为是老片子的缘故,音乐的曲调时常滑到别处,听起来反而特别有味道。字幕也同时跳出来,影像在不十分平坦的银幕上闪现……

李小蝉急得直喊,要冲出去。我也坐不住了。推开门还没看清什么,妈妈就过来把门又挂上:"回去回去,写完作业再看。"还把我俩的耳朵塞了纸团。

我俩赶紧写作业,也不知道写了什么,主要是不放心演到哪儿了。后来,我发现,另一个房间就是挂银幕的位置,在屋子里透过窗玻璃能看见电影的反面。嘿嘿,跟正面没什么区别,还能听见院子里不时传来观众的笑声。我和李小蝉轮换跑去看。等到写完作业,电影演到大半,我和李小蝉大大方方在院子里坐下。

我和李小蝉同时看见了银幕上方的月亮。秋天的夜空没有多少杂质,月亮比夏天的还干净。李小蝉张大了嘴巴,眼睛亮亮的。我们很久没有抬头看看夜空了,老师讲过的那条银河隐隐约约的从头顶流过,我问李小蝉那里面的水为什么落不下来呢,难道阴天时下来的雨就是银河里的水吗? 李小蝉乐得前仰后合,样子夸张极了,就像我特别无知似的。她告诉我银河里流的不是水,是星星,说我肯定没认真听课。我才不跟她争辩,我还要看电影呢,又不是看银河来了。

我没忘再点点人数,发现整个院子里多了一个人。我问妈妈多了一个人她知道不知道。妈妈说不知道,她只顾自己看电影了。爸爸断定是有人趁天黑混进来了。可是天黑,妈妈也认不出谁买了票谁没买票。买票的只是把钱交到妈妈手里,也没有个凭证,查都没有依据。说是卖票,其实没有给观众票根。

爸爸停了电影:"谁看电影没花钱啊?"

赵叔尴尬地站起来。爸爸让他坐下,告诉他没他的事。赵叔咧嘴笑笑,坐下了。

下面嘀咕了一分钟,街东头的二傻子站起来承认了。也不怪人家二傻子,他说他也不知道这电影是收费的,见这里热闹就进来坐了,要是收钱还不看呢。出门没带钱,二傻子讪笑着要走开,眼睛却盯着银幕。爸爸要他留下接着看,但是有条件,等这场结束时他要帮忙抬箱子,用劳动顶替。二傻子同意。

演出结束后,妈妈自然受到了批评。爸爸说:"现在不是平时像个傻子一样自己看电视就行了,瞧瞧,二傻子混进来了吧。"爸爸还说:"你要是爱看电影,哪天闲着我单独给你放一遍。"妈妈没跟爸爸顶嘴,还做了检讨——这电影太好看,以后改进。

爸爸的总经理派头十足。

当晚,爸爸决定印制电影票,像正规电影院那样,也好查票时有个凭证。

说说讲讲到半夜,临睡觉,爸爸还是平静不下来,强调说得完善管理制度,不然非乱套不可。

爸爸睡着了还说呢:"完善啊,完善……"这是妈妈听见的,我早就睡着了。

第三天

爸爸设计的电影票有名片大小,一共有两种面值,两元的卖给大人,一元的卖给小孩。放映时间也定下来,每晚的七点四十,中

央电视台《新闻联播》之后。

爸爸也明白,我家的电影争不过《新闻联播》。

中午放学时,爸爸印好了电影票,两元面值的 200 张,一元面值的 200 张。爸爸说这就是钱啊,算算,咱家一共多少钱?我愿意做这样的作业,很快列出算式:200×2+200×1,我很快算出结果:600 元。爸爸嘿嘿笑着,我们有 600 元了。我说,我们可以有一万元呢,只要印出来。爸爸便让我算一万元需要印多少张电影票。我比画半天,没算出来。

这道题有点难。

临上学,我跟爸爸要电影票,打算在班里卖卖。我们班有不少电影迷,就等着来我家看露天电影呢。爸爸给我十张,叮嘱我卖不掉也别丢了,丢了票就是丢了钱。爸爸现在比任何时候都爱钱似的。

刚走出胡同,李小蝉尖叫一声从身后跳出来,吓得我差点口吐白沫。我追上去,大喊着要掐死她为自己报仇,和李小蝉一前一后,一通狂奔。跑了一会儿李小蝉实在跑不动了,才向我求饶,说再跑她也口吐白沫了。我这才作罢,但是有个条件,罚她买一张电影票。我掏出一沓票给她看。李小蝉从兜里摸了半天搞到一元硬币:"就一元钱了。"我拿来硬币两面看看,收起来,然后给李小蝉一张票:"别丢了,丢了可看不成。我爸爸不好说情。"

李小蝉把票折了一下揣进衣兜,问我:"再给我两张,我能帮你卖出去。"

我当然愿意,再给李小蝉两张,告诉他卖不掉也别丢了,丢了票就是丢了钱,你没钱赔我了。

下午,利用课间我在班里卖我的电影票,李小蝉神秘地跑出去了。

我知道我们班电影迷们的底细,他们也不一定多么喜欢看那些老电影,吸引他们的是露天式的"看"法。下午第一节下课我卖出六张。第二节上课,李小蝉兴冲冲地最后一个冲进教室,刚上课几分钟她传来一个字条,里面包着两元纸币,字条写着:

两张票全卖了,这是给你的卖票钱。能不能再给我几张,我这里不够卖。

好家伙! 我也不必客气,把剩在手里的两张给李小蝉传递过去。她跟我是越来越铁了。

下课铃响过,语文老师刚出教室,我还没挤到李小蝉的座位,就见门口站了一个细高的男生,问:"你班有个叫李小蝉的吗? 听说她有露天电影票,出来一下。"

李小蝉腾地站起来,冲出去,课间十分钟就再没见到她影子。上课时李小蝉腾云驾雾回来的,啪的把两元硬币搁在我的课桌上:"卖啦!"

我说了五遍够朋友,李小蝉反倒不好意思的样子,真没见过她这样低调过。

因为我家的露天电影院,我成了班里的热点。爸爸都跟张艺谋一样是电影工作者呢,我想我这也算电影明星了吧? 还有人找我买电影票,我就告诉他们,没有了,电影票有点紧张,晚上尽管直接去我家,都是同学嘛到时候我会帮忙找副总经理买到的。同学就问副总经理是谁。我说是我妈妈,总经理是我爸爸。我嘛,是合法继承人,算有钱人了。说到这个还真难为情。

同学们都欷歔一阵,有个内行的说,原来是个家族产业呢!

要上课时李小蝉把我拉到角落,要我明天再多带几张电影票,

她还要帮我卖。我拍了她一下,她已经是我最亲密的朋友了。

下午放学一到家,我把10元钱交给爸爸,爸爸乐得嘴都扭曲变形了。我告诉妈妈,晚上还有来门口买票的呢。妈妈有点担忧,怕我家的露天电影耽误我们这些学生学习。爸爸撇撇嘴:"都素质教育了,也不能整天啃书本。看咱们的老电影,也是爱国主义教育呢。"我赶紧举手支持爸爸,并要求今天晚上就接受一下教育。爸爸马上补充,素质教育也得写作业,写完作业再受别的教育。我看透了,有些人认真喊"素质教育",做的时候是另外一套。我们的总经理也没有完全被金钱冲昏头脑。

今天晚上陆陆续续来了26位观众,其中有10多个我们港务小学的学生。有学校的影迷来了,整个场面不太安静,他们不大安心看电影,只是把这当成了放松心情的场所。在场的大人气得直发牢骚,说现在的孩子太没公德。爸爸不得不几次维护秩序。他们是给我这合法继承人丢尽了脸面。

好不容易安静下来,他们也进入剧情了,还看出了味道,跟大人一起笑。

突然听一个男生大声问:"李小蝉来了吗?"口气有点愤怒。

李小蝉赶紧从座位上面站起来:"我在呢!买票明天去教室找我。"然后坐下接着看。

还是细高男生。他挤过来,把李小蝉拉到一边,也不顾秩序了,说话声音很大:"别的学生都一元钱,没有手续费啊!你为什么要收一元手续费?"

李小蝉支支吾吾:"你得让我挣点吧!谁白忙啊?"

原来,李小蝉手里的票都是两元卖出去的,一张票可以赚一元,难怪她那么热衷卖票。

细高男生连呼上当,呼地坐下了,把我家的凳子坐得吱嘎一下。他对李小蝉不满意,但不该这样对待我家的凳子啊。这里一闹开,又有几个外班学生响应了,说以后不再上当了,要看电影直接来这里买票,这里便宜。李小蝉一头钻进我家里屋,嘟囔着有一道题算错了,半天才偷偷溜出来,挑角落的位置坐下。

李小蝉的经济头脑我是服气了,连爸爸都佩服了。但是她的财运这么快就到头了,没人买她的带手续费的电影票了。

明天让她用那笔非法收入请客。

晚上临睡觉,妈妈把今天收入的纸币和硬币分开,把纸币一张一张抚平,把硬币一枚一枚摞起来,然后再数一遍。爸爸得意地打开白酒瓶子,喝了一大口白酒。然后关闭电灯打开窗子,让月光洒进来。我和爸爸又说了很多话题,比如,假设发了财怎么花那些钱。爸爸的打算是经营一个自己的大剧院;我呢,想按照自己意思办一个学校,我当校长,安排李小蝉当班主任,我们只上半天课,下午不上课,主要是做别的事:把这个城市的街名都收集来;去公园认识那些花草和野兽;探险,带上粮食和刀……

我俩在月光下面说着这些想法,爸爸的眼睛亮亮的,我的眼睛一定也是亮亮的。我的说法爸爸不完全反对,爸爸的理想我也表示支持。我发现我俩其实一直是好朋友。

爸爸一边跟我说话,一边把掉漆的放映机擦了一遍又一遍。在月光下面它像个包藏了魔法的宝盒。它现在就是爸爸的宝盒啊!当然,以后它是我的,它最终归合法继承人所有。

我很快睡着了,梦见李小蝉领着一群别班的男生在后面追我要电影票,我跑了一夜他们追了一夜,追到第二天早上醒来他们才罢手。我是彻底服李小蝉了。

第四天

一整天李小蝉没有买卖做,挺无聊的,无数遍哼着徐怀玉的《我是女生》。

有人来找我买票,她坐在我旁边,烦躁得像吃了天底下最辣的辣椒。外班的也来找我,专门买没有手续费的电影票,那个细高男生也来了。李小蝉直搓手,不停地说:"钱啊钱啊你就这么飞了……"

其实我也想两元钱卖票,可是这帮影迷都知道票价了。我跟李小蝉说我也心疼飞走的钱啊。

下午放学时李小蝉跟我正式谈了一件事:她要到我家应聘,做个职员。李小蝉说人家大企业哪有总经理和副总经理亲自干活的,像我这样的继承人,也是天天逗狗玩呢,连学校都不去的……

我被李小蝉说得挺没面子的。

李小蝉来应聘提出的条件是免费看电影,工作是负责收票查票,要是还信任她,她也可以帮忙卖票。

我答应晚上找总经理推荐李小蝉。

"但是呢卖票这活,就不需要你了,你还想赚钱啊?"

李小蝉嘿嘿一笑,跑了。

傍晚,李小蝉吃过晚饭就溜出来了。我家的银幕刚挂出来,就有观众坐在下面聊天了。今晚不再演《地雷战》了,我一进门就见木牌上面写着:

今晚上映新片《地道战》

原来，观众提意见了，要是再演《地雷战》就退票。下午爸爸赶紧蹬车去电影公司找舅舅才搞到这个"新"片。

李小蝉不停地给我挤眉弄眼。我明白她的意思，我是怕爸爸不同意在李小蝉面前丢面子，才迟迟不肯说聘用李小蝉的事情。爸爸专心鼓捣他的宝盒机器，我狠了狠心，说："爸爸，聘用一个职员吧。太不像正规的股份公司了。"

爸爸瞧瞧我，没听清我的话。他历来对我说的话不在意。我就又说一遍："聘用一个职员吧。我们不像个正规的股份公司。"

爸爸说："我们可没钱给别人开工资。"

我说："人家只要白看电影就行。"

爸爸乐了："那行啊！是谁？"

我指指正在朝我使鬼脸的李小蝉。

爸爸说："这丫头鬼着呢。让我想想。"

遗憾的是，爸爸还没有决定，李小蝉的妈妈就来找她了。

当时李小蝉提前在她的岗位上实习呢。她妈妈进门来，她也没抬头看，就说："买票。《地道战》。"

我赶紧提醒她："喂，你妈妈。"李小蝉还是不抬头，正痴迷她的工作，忘记妈妈是谁了："不管谁，都得拿票才能进来。"

我赶紧走过去，推了李小蝉一下。李小蝉妈妈厉害，在全班是出名的，我们都特别同情李小蝉呢，不知这回李小蝉能不能活过去。

李小蝉见妈妈来了，咯咯笑着："我写完作业了……"

"写完也得回家！再给你留一份。"

李小蝉妈妈临走还瞪了我爸爸一眼，看得出她对我家的电影

抱有敌意。爸爸特别尴尬,也没什么话说了:"《地道战》,挺好看的。"

李小蝉妈妈没搭话,但还是瞥了一下银幕。她对这露天电影还是有兴趣的,出门前忍不住回头问爸爸:"几点开演啊?"

李小蝉嘴快:"七点四十,《新闻联播》之后!"

"我没问你。你还挺明白!"

爸爸说:"是七点四十。两元一张票。"

李小蝉妈妈拉上李小蝉走了。李小蝉的脸一直是涨红的,遇见这么厉害的妈妈真是不幸啊!

李小蝉乖乖被带走的样子十分可怜,像只惹事的小狗。真想给她几张电影票,让她去不知情的学校赚点手续费。

这天晚上,观众比昨天又多了一些。爸爸得意地跟他的观众们打着招呼,已经有些电影明星的做派了,他真把自己跟张艺谋混为一谈了。他可能做好了给观众签名的准备,我亲眼看见他在上衣兜里插了一支钢笔,不做签名用还能干什么。妈妈工作比最初两天认真了,白天就零星卖出了票。她像公共汽车售票员那样工作,爸爸给她准备的也是那样的票夹子,黑黑的可以挎在脖子上。有时候她还得答复初来者的询问,介绍当晚的新影片和即将放映的影片。妈妈可以去电影频道当主持人了。

李小蝉妈妈还是忍不住来看电影了,李小蝉没来。我问李小蝉呢,她在干什么。她告诉我李小蝉在写她留的作业:十道数学题、一篇作文。我明白,李小蝉今晚非累吐血不可。

想想,我是多么幸福啊!

得慰问一下苦命的李小蝉。我给李小蝉打了电话,那时电影里正传来一阵热闹的枪声。

我说:"你听见了吗?电影正热闹呢。"

李小蝉说:"你要是真同情我就别馋我了。"

我说:"你妈也太狠了,你看我妈,特别慈祥,像个老奶奶。"

李小蝉打个哈欠,突然告诉我说:"喂,有个重要情报,差点忘记告诉你……"但是只说一半就打住了。

我问:"什么情报?说啊!"

"给点回报吧,绝对值钱的。"她从来不吃亏。

"行,免费电影三次。"

李小蝉考虑了两秒钟,告诉我:"今晚有几个家伙想逃票,跳墙进来。"

这个消息是李小蝉和妈妈回家的路上收集来的,当时那两个男生走在前面,津津有味说着他们的计划,全被李小蝉听见了。我赶紧挂了电话,拿上手电筒出去。

电影刚开演,正是抓贼的好时机。

我家的院墙比我个子高,南面开门这一道有妈妈看着,他们不能打这里的主意。他们一定是在东墙或者西墙下手了。我猫着腰蹲在西墙根儿,把耳朵贴在墙上听了一会儿,外面没有动静。我赶紧溜到东墙根儿。听了一会儿,果然有了动静。我的心咚咚跳起来,把大箩筐放在身边。

墙外正说着话:

"你先跳,我后跳。"这个声音有点颤抖,可能是太激动了。

"不是说好了你先跳的吗?"

"临时改改。假如你给逮住,我跳过去救你。"

"胆小鬼!我先跳就先跳,你最好别当逃兵。"

"我、我才不当逃兵,谁当逃兵谁是汉奸。"

听见这样的对话，我差点笑出来。

很快，我听见用力爬墙的声音："帮帮我……"

哧哧——扑通……他滑下去两次。这条好汉爬墙的技术不太高超。

这家伙爬墙的大致位置很容易就确定了，我悄悄蹲在下面，就等他一落地把大箩筐戴到他头上。这时，有人拍我一下，吓得我差点停止心跳。仔细一看，是李小蝉。李小蝉小声说："我没来晚吧？"李小蝉踢踢身旁的箩筐："这个武器够先进的！"

我拍拍胸口知道心还在跳，然后压低声音："就来了……"话还没说完，就听扑通一声，一个黑影落下来——目标到了！我和李小蝉抬起箩筐朝他罩上去。李小蝉配合得实在太完美了，不偏不斜，正中目标！目标一下子蒙住了，都没挣扎一下，老老实实待在里面。他一定不知道发生了什么事情。

李小蝉说："值两张电影票吧？"

我趴在箩筐上面压住俘虏："值了。"

李小蝉说："哈哈，有票啦！"

这时墙外面喊上了："怎么样？看得清楚吗，演到哪啦？"

箩筐里面的俘虏这时反应过来了，大声叫："我完蛋了！快点帮我！"

"啊？我一个人不行。我得再找两人帮忙……"墙外面再没有他的消息了。实际上电影散场时他也没来呢？他可能忘记这边的事情了。

"汉奸！汉奸！"俘虏要把箩筐挣破了。

俘虏叫杨棵木，月牙湾小学的，是几年几班的他不告诉我们。做了俘虏口气还挺横，说大丈夫坐不更名行不改姓。除了姓名不

保密,再问别的都说不知道。

我不耐烦了:"你怎么只会说不知道啊你? 你能不能给我说两个字的! 四个字的也行!"

杨楝木不时地盯着院子里的银幕:"八路军就这样,三个字:不知道!"

我还想再审问一会儿,觉得挺好玩的,我的想法是下一步用点酷刑什么的。杨楝木也没急着要我们释放他,眼睛只盯着电影看,对我们的审讯根本不重视。要是再问一会就把整个电影看完了,还是免费的。我决定放人。我先把这件事跟总经理请示了,顺便给李小蝉要三张电影票做奖励。爸爸对我的请示很满意,抓逃票的事情也干得漂亮,还说这样做显得很正规,痛快掏出三张票给我。李小蝉手快,直接揣到自己衣兜了,我根本没摸着那三张票。

我把杨楝木推到门口,向我们的副总经理妈妈汇报,说这个杨楝木是跳墙进来的。

妈妈瞧瞧杨楝木,说:"以后买票进来吧,才一元钱。摔坏没?"

妈妈这么一说,杨楝木撇开嘴就哭了,不停用袖子擦眼泪。李小蝉说你哭什么呀你,她自己也要跟着哭了。我也不知说点什么才好,好像该劝劝他:错了没事,下次改掉就好了,回去写份检讨就行了,哭什么? 这些话在嘴边却一句也没说出来。

妈妈说:"别哭了,回家吧。"然后问我和李小蝉:"你俩打人家没有?"

我和李小蝉都赶紧摇头。

杨楝木哽咽着说:"还没看完呢,我拿钱还不行吗?"然后就掏钱,掏了两次,掏出的都是泡泡糖。

妈妈瞧一眼爸爸,爸爸正在操作放映机。妈妈就说:"你就在这看完吧。票钱先欠着。"

妈妈其实就是不要钱的意思。杨楝木都哭了,妈妈这样做我也赞同,不准备向公司举报妈妈的失职。可是杨楝木偏偏认真:"明天也没钱还你啊,我还是不看了。"

李小蝉拿出自己一张票塞给杨楝木:"拿着,我请你看。"

杨楝木笑了。他笑的时候,我发现他的牙很白,比李小蝉的白多了。

李小蝉请他看电影我不太高兴,但是很快就不在意了。那天晚上我、李小蝉和杨楝木成了好朋友。后半场的电影我们根本就没看。李小蝉怕妈妈发现,我们仨蹲在墙根底下,说了不少义气的话,还有很多最近的计划,比如,明天杨楝木请我和李小蝉去他们月牙湾小学,学校旁边有一棵大槐树,他在树上藏了一个宝物,可以拿来给我俩玩玩;我们仨还打算在我家墙头上面撒些玻璃碎片,防止再有人跳墙逃票。杨楝木说这个他也能办好。他在学校花坛里面藏了一块玻璃,现在它有用途了,把它砸碎……我们恨不能明天整天都不上学,去做我们想做的大事。

其实我们最主要的计划是下午放学捉"汉奸"。看了几部老电影,我们都想真正体验一下捉"汉奸"的滋味呢。这回,可以大干一场了。

把杨楝木扔在墙里的"汉奸"叫宋朝,是杨楝木在幼儿园时候的"同学",现在跟杨楝木不在一个班。宋朝,这名字不像汉奸。

电影散场前,李小蝉赶在妈妈前面回家了,她还有作业没写完呢。我和杨楝木把李小蝉送到门口。杨楝木也要回家了。不知为什么,分别时恋恋不舍的。杨楝木家住东街,他是跑着回去的。杨楝木的影子很快被幽深的胡同吞没了,只剩下砰砰的脚步。

天上,月亮静静地挂着,水亮亮的,似乎要滴落下来。远处,我家电影的对白和音乐传过来,恍惚之间我竟然不知身在何处。

第五天

我家的电影票能当钱用了,爸爸兴奋得没吃早饭。

是这样的,早上妈妈去红运小百货买咸菜。两元钱一包,妈妈拿50元钱跟老板算账。老板边眉飞色舞地讲着昨晚的"地道战"边找零钱,结果没找到。最后老板眼睛一亮,说:"就给我一张电影票吧,两元一张,跟咸菜一个价。"妈妈没想到还可以这样交换,愣了几秒,拿出一张电影票顶了两元钱。老板收起电影票问妈妈今晚演什么片子,妈妈告诉他:"《小兵张嘎》。"老板连说好好,收起电影票。电视里刚播完电视剧《小兵张嘎》,所以对老电影《小兵张嘎》特别有兴趣。爸爸料到这个,特意求舅舅弄到这个老片子。

妈妈把经过讲完,爸爸把半截烟头狠狠吸了一口:"真行啊,我得亲自去试试。"

妈妈说别试了,要试就吃过饭再去。

爸爸等不及了,头也没回哼着歌出去了。我背上书包,抓起两个馒头随后跟了上去。

我以为爸爸能去红运小百货呢。爸爸比我聪明,他说他家就老板一个人爱看老电影,现在他有一张票了,肯定不想再要了。爸爸转悠了一会儿,来到胡同口老槐树下面。爸爸要擦擦鞋,擦鞋老徐可是我家的老牌观众了。他戴上老花镜看了看爸爸的皮鞋,告诉爸爸不用擦,够亮的。爸爸偏要擦,不给擦就去消协投诉的架势。老徐不可思议地瞧瞧爸爸,一定以为爸爸是发烧了。实际上爸爸确实发烧呢。

"那保养一下吧。"人家得尊重顾客的意愿。

"多少钱？"爸爸坐下了。爸爸以前没来过。

"擦鞋两元，保养给一元就行。"

"我给两元。"

"一元。你办电影院有钱，我不要，就要一元。"

擦鞋老徐开始给他的顾客擦鞋。他擦得慢条斯理，特别投入，很享受的样子。

付钱时爸爸假装摸摸衣兜，然后说："哎呀，没带零钱。"

擦鞋老徐没抬头，收起他的工具："欠着。晚上我看电影，想着还我。今晚啥片子？"

"小兵张嘎。"爸爸掏出一张电影票："给你一张电影票，咋样？"

他看看，说："不行。"

爸爸咧咧嘴，瞧着我。我真替爸爸尴尬。红运小百货那里可能是个例外，到这里电影票就不顶钱用了。

爸爸正不知说点什么，擦鞋老徐说："这样吧。我收下，再找给你一元。你的票是两元。"

原来是这样。爸爸得意极了："不用找了。"

"一元就一元，你得拿着。"

爸爸拗不过，只好拿了一元零钱。

回去的路上爸爸也如愿以偿：一张电影票买了一块豆腐，用三张票买了一瓶白酒。豆腐没人吃，晚上就酸了；白酒放在柜子里，爸爸很快忘了它，成了陈酒。爸爸就是想试试他的电影票是不是好用。

我跟爸爸要了5张电影票。《小兵张嘎》肯定受欢迎，其实5张不够卖，但是爸爸只给5张，爸爸说现在我们的院子不够用了，票很紧张的。爸爸一张一张数给我，比数5张100元的钱还郑重。

爸爸一边数一边说着："别不把这个当钱花,这就是钱,钱啊!"

下午一放学,我和李小蝉去月牙湾小学门口找杨棵木,杨棵木早等在门口了。我们仨是月光下面认识的,当时看不清楚对方的模样,现在站在阳光下面了,还得核对一下。

"今晚演《地雷战》吗?"

"不是,《小兵张嘎》。"

这就对了。杨棵木拉着我和李小蝉,跑进学校东侧的一个玩具店。这里是宋朝的必经之路。

今天上午第二节下课,杨棵木在领操台遇见宋朝了,宋朝低着头假装没看见杨棵木,猫着腰绕过领操台,跑了。杨棵木说,宋朝跑掉的样子越来越像电影里的汉奸了,真是没法挽救了。

所以,我们决定除掉他。他在超市门口一过,先俘虏他。

李小蝉小声问:"除掉他是什么意思?"

我伸出手做了手枪的样子:"啪!枪毙他。"

李小蝉咧咧嘴:"以前还从没杀过人呢……"

杨棵木有点舍不得了:"他是我幼儿园时候的同学,别打死他了。"

我们正嘀咕着,杨棵木指着外面:"宋朝过来了,最前面那个就是他。"

门口有五个孩子经过,走在最前面的孩子瘦瘦的,在路旁买了四个雪糕给后面的伙伴。自己没买,看着他们吃,很馋的样子。原来还是个小气鬼。宋朝心里有鬼,不敢一个人回家,用雪糕收买了四个同学。杨棵木告诉我,这四个孩子原来跟宋朝打过架,他帮过宋朝呢。没想到一块雪糕他们就恢复了友谊。杨棵木气愤极了。

他们人多。我们没轻举妄动。等他们走过去,我们远远跟在

后面。那五个家伙说说笑笑地很快吃完了雪糕,其中一个在超时空网吧门口停下了,还想让宋朝请玩游戏的意思。宋朝又摇头又摆手的,肯定是没钱了。他们马上不说笑了,闷闷地走着。就这样,他们陪着宋朝就拐进他家的胡同。

宋朝跟伙伴一分开,撒腿就跑,我们追上时他家铁门已经关了。透过门缝看见宋朝在院子里的小木桌旁坐下了,小木桌上面堆着一摞新衣服。宋朝打开书包,要写作业的架势。杨棵木告诉我俩,宋朝平时可没这么爱学习,当"汉奸"还当出息了。宋朝从书包里拿出的不是作业本,是一把剪刀。我们都倒吸一口凉气。天啊,幸亏没动手,这个做贼心虚的坏蛋带着真家伙呢。

宋朝果然不准备写作业,他确实不爱学习。他抄起剪刀,拿起一件新衣服,咔咔剪上了。宋朝不是要把新衣服剪坏吧?还是十足的败家子。我长这么大都没干过这么缺德败家的事情。

宋朝躲在院子里再不出来,今天只好放过他了。离开宋朝家,我们仨谁都没看明白宋朝在干什么,他不过是把衣服上面的什么东西剪掉,更没看出那有什么好玩的。

我们仨约好回家赶紧写作业,写完作业七点四十到我家看《小兵张嘎》。

爸爸今天的广告词有点创意,字也比以前工整了。他在木牌上面这样写着:

今日上映《小兵张嘎》老电影比新电视剧更好看!

我家的观众大约是固定下来了。爱看老电影的人是有数的,爱看电视剧的那些人不是我家的顾客。开演以前,他们总是说些

新闻逸事,街长里短,有时候还要争论一番。争论分不出胜负的时候得总经理摆平了:爸爸的放映机一转,银幕一亮,争执自然平息。

今天小观众比平时多,多半是我们学校的。他们看见我时往往很羡慕的样子,有几个女生还怯生生喊我的名字。我呢对他们爱答不理的,很骄傲,还朝他们坐的位置喊道:"哎哎,你们那里小点声,素质太差了。电影要开演了!"其实爸爸还没把片子安装在轮子上呢。也有不服气的,有时候闷闷的顶我一句:"有什么了不起的!"支持他的是压抑的笑声。遇见这样情况我也不客气,直奔过去,调查是谁顶撞了我。当然没人承认,我尴尬极了,只能嘟囔着走开,身后是嘿嘿的笑。我吸取教训了,假装没听见。

今晚李小蝉的妈妈加夜班,她自由了,早早写完作业就来了。两分钟后杨棵木也来了。我帮他们占了靠前的好位置。杨棵木真守信用,带来一盒玻璃碎片,他在学校时就砸好的。李小蝉帮杨棵木把玻璃碎片撒在东西两面的墙头上。今晚也许会有几双小手流血的,鲜红鲜红的。

电影要开演时,又来了五位小观众。我一看,宋朝和他的四个伙伴来了,个个手里握着电影票,手没有流血。他们什么时候买的票?我手里的票可没有卖给他们。妈妈收他们的票时我跑过去,一看,没错,他们有票。那么一定是从别人手里买了高价电影票。当然是宋朝请客了,先请四块雪糕,再请四张电影票。这五个家伙没有好位置了,坐在最后面,一人一块砖头。宋朝没看见杨棵木也在这里。他肯定不知道我和杨棵木已经是同盟了。

这五个家伙很守规矩,老老实实地盯着银幕。宋朝急了,不断地伸头看爸爸那里的放映机。

电影开演时妈妈关了大门,把自己收票时坐的小椅子给了宋朝。我提醒妈妈说那家伙昨晚也想跳墙的,后来自己逃跑了,把杨

140

棵木出卖了。我想要回我家的椅子,妈妈拦住了我。妈妈说她认识这个男孩,他好像是三两天就去服装厂领衣服剪线头的孩子。我也没有完全听明白妈妈的话。宋朝去服装厂领衣服剪线头,他这是什么意思?

我猫着腰挤到前面,把宋朝到来的消息告诉杨棵木和李小蝉。我们商量了一下,打算在电影散场时寻找机会。

今晚《小兵张嘎》特别精彩,观众不时发出笑声,还小声评价着,说确实比电视剧好看。我回头看宋朝他们,他们正乐得前仰后合。本来是一个"汉奸",也乐意看打鬼子的片子。

电影一散场,我们仨马上挤出人群,可是宋朝早就没影了。他们坐在后面,离门口近,我们还是没盯住他们。没别的办法,在宋朝进门前追上他! 我们仨在散开的人之间穿过去,朝宋朝回家的方向追。很快,月光下面晃着几个黑影,边走边讲着电影里的细节。我们仨悄悄跟在后面。

"哈哈,那个胖翻译官都那么胖了也不减肥,还想吃西瓜……"杨棵木说是宋朝在讽刺那个胖汉奸。

天啊,他也假装八路了!

另外几个也讲着,然后哈哈笑着,笑得月亮一抖一抖的。

很快,有三个人拐向另外一条胡同了。临走他们问宋朝电影票明天还有吗? 宋朝不在乎地说,想要就有,肯定不用爬墙。这口气真狂,把牛皮吹大了。那三个人对宋朝的回答很满意,互相搂着脖子,走远了。

又过了一会儿,只剩下宋朝一个人了,杨棵木冲到前面拦住他。我和李小蝉守在后面。

"站住站住。"杨棵木说。

"谁? "宋朝吓了一跳,站住不走了。

"当了汉奸就不认识幼儿园老同学了？"杨棵木说着抓住了宋朝的衣领。宋朝挣扎着要跑。我和李小蝉冲过去，几下就把宋朝抵在墙根儿。宋朝害怕了，喊他几个伙伴的名字，可是没人答应。月光下面，胡同里空荡荡的，宋朝的脸白白的瘦瘦的。

审讯开始了，东拉西扯地提问，都跟电影里面的情节有关。

"你这个胖翻译，什么时候开始给鬼子卖命的。"

宋朝回答："刚开演时候就卖命了。"

"鬼子给了你什么好处？"

"免费吃西瓜……"

宋朝回答的不错。

"再交代，你在电视剧里和在电影里哪个更坏？"

"我家没有电视了，我没看到……"

宋朝开始撒谎了，他家还能没有电视看。既然这么不老实，不必再跟他磨蹭了，应该尽快了断。

"狗汉奸应该怎么处置？啊？"

"拉清单呗。"

宋朝说着说着笑了："你们也看着了，问我干什么啊？"

我就点点他的脑门，让他老实点。

最后是执行枪决。我们仨站成排，举起"手"枪，向宋朝瞄准，然后用嘴发出"啪！啪！啪！"的声音。宋朝却笑得站不直了。

杨棵木气坏了，几步过去，推了宋朝一下："哎！你快点倒下，你中弹了，死了。哪有死人哈哈大笑的。"

宋朝只好听话，倒在地上"死"了。

李小蝉小声说："行了，别浪费子弹了。"

我说："这就是当汉奸的下场！"

我们仨满意地走开了。走出几步，我听见身后传来低低地抽

142

泣。宋朝一定是哭了。杨棵木和李小蝉还兴奋的说笑，没听见。我回头看了一下，他还没起来呢，雪白的月光打在上面，地面好像落了一层白霜，那道黑影躺在白霜上面缩成一团，小小的。我心里疼了一下，一路上再也没笑。再回头看时，月光下面的胡同空了，雪白的地面也空了，我的心才放下，恢复了说笑。

当天夜里我家盘点，发现少了五张票的钱，也就是有五张票没花钱，这里面已经除去了妈妈和爸爸拿出去顶钱的票。爸爸觉得蹊跷，把妈妈收的票放在桌子上仔细查看，最后总算发现了问题：有五张票是假的。

有假票啦！

爸爸设计制作的电影票太简单了，准备一张白纸，用碳素笔就能画出来，难怪这么容易被人钻空子。爸爸讲道理，这次没有责怪妈妈失职。我说不用调查了，作案的就是宋朝。可是妈妈说没证据，不能冤枉那个懂事的孩子。最近都是他一个孩子去服装厂领服装剪线头，以前他妈妈去。我告诉爸爸，明天他们还要拿假票来看电影，当场抓住他们就是。

爸爸没在意怎么抓宋朝，他已经开始琢磨如何防止造假了。爸爸就是聪明，大半夜突然掀开被子，把我和妈妈都吵醒了，激动地说有办法了有办法了！

咔！咔！咔……后半夜，我家传出了一种奇怪的响声。

第六天

妈妈星期六也要去服装厂上班。

星期六的早上,我总是起床很晚。我还没完全醒,爸爸就推我了:"看看最新的电影票!"爸爸很兴奋的样子,一看就知道昨晚他睡的不多。我把眼睛张开一道缝,我家的电影票都盖上了他的印章,印色不太红,但确实比以前更正规了。再想造假票多了一道工序,宋朝的水平是造不出来了。我们就等着晚上那五个傻瓜拿着假票来看电影了,他们的票没有印章。

我正吃着"早"饭,李小蝉来了。李小蝉跟我挤眉弄眼的,我还没有完全睡醒,没明白她是什么意思。我也隐约记得今天我们仨有个约定,怎么就想不起来呢。

爸爸看见李小蝉有鬼,看着我说:"上午别闹了,都在家学习。这几天你俩都没好好学习。"

李小蝉说:"他还用学习啊,实在没钱了,就印电影票呗。那也是钱。"

这李小蝉什么时候把我爸爸的口气学去了,还真像。

爸爸乐了:"那也得学习,不学习将来钱都数不明白。"

李小蝉满不在乎:"到时候聘用我啊。从明天开始我专门学数学,就等着你家聘用我当财务总管。"

爸爸瞧瞧我,等我的意见。我说:"有李小蝉,咱还能聘用别人吗?"

后来,爸爸蹬车去找舅舅了,临走还嘱咐我俩好好学习。

爸爸刚走,李小蝉说:"臭脑袋,不是跟杨槐木说好了,今天上午去他学校,他给我俩看他的宝贝。"

对啦,杨槐木在树上藏了个宝物。

"你上午不是去艺校学长笛吗?"

李小蝉说:"去过了,就一小时的课程。"

"然后不是还有素描吗?"

李小蝉兴奋地告诉我："素描老师的小孩够朋友，今早上小东西感冒啦，素描老师只好把课取消了。你怎么比我妈都关心我。"

"不是怕你成绩不好吗？成绩不好，我将来没办法聘用你。"

杨棵木早等在学校门口，急得像公园里的猴子。

杨棵木爬树的功夫也像个猴子，很快爬上那棵大树，但很快就两手空空下来了。

他的宝物不在了。

他惋惜地说，他的宝物是一个小车。其实是一个木制的三脚架，下面安了三个可爱的小轮子，很像一个样式特别的踏板车。一个月前这辆小踏板车在旧物市场门口扔着，好像没人要的。他不忍心这样的宝物没人要，当时就做了它的主人……杨棵木讲它的小踏板车充满感情，都要掉眼泪了。

杨棵木讲着讲着突然说："明白了，宋朝干的，只有他知道这个秘密。"

我们仨去找宋朝。我和杨棵木一路上想着该给他用什么样的酷刑，让他再死一回。我们想遍了所有记得的电影和电视剧，办法多的是，可惜我们没有工具。最后李小蝉说像昨晚那样再"枪毙"他一回吧。

我们这样说着，已经走在了去宋朝家的路上。这是一条窄街，我们仨横成一排走着，身后的车子急得嘀嘀直叫。刚给一辆拉白灰的破汽车让开路，我气不过，拾起一块石子打过去，石子在车厢上轻轻弹了一下，没影了。这辆破车刚开过去，又嘀嘀叫上了，又有什么耽误它走路了。叫着叫着这辆破车莫名其妙颠簸了一下，扬起一团白色灰尘。灰尘散尽，一个白色的影子显露出来，他紧紧贴在路边上，不停地咳嗽着揉眼睛。刚平静下来，他就推着一个大包往前走了,他走得特别费力,速度像只蚂蚁。

杨棵木看了看,说那是宋朝。

我们追上去,拦住他的去路。果然是宋朝。

宋朝站住了,喘着粗气看着杨棵木,又看了看我和李小蝉:"我没死成……"

杨棵木问:"你把我的踏板车藏哪啦?"

宋朝没回答,指了指大包下面。原来大包下面就是一辆小踏板车支撑着。

"我借用的,中午就送回去。"宋朝解释说。

杨棵木不听宋朝解释,把大包推下去,下面果然是他的小踏板车。杨棵木拿起他的宝物仔细检查是不是给压坏了。好像没怎样,就是三个小轮子不亮了,粘了一层沙土。杨棵木把小踏板车放在脚下,大叫着撕开大包,里面是一摞的衣服。杨棵木把衣服一件一件抓出来,扬到天上,天上顿时变得花花绿绿的了。还等什么,我加入进去。李小蝉也加入了,但是扔了一件就不干了。这是一些好看的衣服,她舍不得吧?

刚开始,宋朝靠边站着,老老实实的,也不反抗。花花绿绿的衣服一扬开,宋朝的脸腾地红了。他推了杨棵木一下,可是根本制止不了杨棵木疯狂地报复。宋朝默不做声,转来转去,最后在路边找到一块大大的砖头,朝杨棵木疯狂地冲过来。李小蝉尖叫一声捂住了眼睛。杨棵木见宋朝急了,跟我说快跑,抱着脑袋一溜烟蹿出好远。

宋朝并没有追,把砖头砸在地上,砖头打在地上又弹出去几米。我想象着它打在杨棵木头上的情形,禁不住全身抖了一下。我呆住了,像植物一样立在那里。

宋朝看着我说:"你们太欺负人了!"说完蹲下去一件一件捡

146

回衣服。

李小蝉蒙了一会儿,一明白过来赶紧摸摸胸口,问我:"我还活着吗?"

李小蝉的问话把我从植物变回到人,我长长出了口气,告诉她她是完好的,小蝉说实在太幸运了太幸运了,然后低下头帮宋朝捡衣服。杨棵木远远地看着,朝我招手。我溜过去,然后喊李小蝉。李小蝉没理会我俩,拍打着衣服上面的尘土。

我和杨棵木走开了,没能带走他的踏板车。杨棵木有点发抖地说:"这家伙疯了,惹不起……"一路上我俩没再说话,直接去了我家。

一小时以后李小蝉回来了。李小蝉还告诉我俩,她把宋朝一直送到家里,宋朝和他妈妈过得很不好,妈妈躺在床上睡着,睡得并不好,不时地呻吟几声。宋朝除了写作业就是剪线头,爸爸去江苏打工,还没赶回来……

听小蝉讲着宋朝,杨棵木知道了许多以前不知道的事情,也觉得对宋朝有点过分了……杨棵木的表情很痛苦,都变形了。小蝉受不了,劝杨棵木不用那么难过,迟早会好起来的。小蝉也不知道究竟什么会好起来。

李小蝉是空着手回来的,没带回杨棵木的宝物。运完衣服宋朝亲手把小踏板车送回到那棵树上去了。他说以后不用了,这是最后一次。

杨棵木说:"我又没说不让他用。他要是提前告诉我……"

"给他打电话,借给他得了。"我拿起电话,递给杨棵木。

李小蝉说:"别打了,他家电话早就不用了,连电视机都卖了,他确实没看过电视剧《小兵张嘎》。"

我们仨沉默了一会,一起走出去。

杨槔木几下爬上大树,他的踏板车就挂在树枝上。杨槔木把一个纸条挂在上面。这个浪漫的主意是李小蝉出的,字也是李小蝉写的,就几个字:

　　　宋朝,踏板车是你的了。杨槔木。

　　然后我们又去了宋朝家门外。宋朝坐在院子里,正在剪线头。一架纸飞机飞进去,落在宋朝脚下。纸飞机一降落,我们仨跑了。纸飞机上面写着这样几个字:

　　　到树上看看,有礼物送给你。杨槔木。

　　傍晚,我们吃着晚饭,妈妈说今天那个孩子又去服装厂领服装了,听说孩子妈妈病了,需要钱住院。爸爸在外地打工还没赶回来。那孩子家里需要钱,一直揽着剪线头的工作。剪线头挣不了多少钱,剪一件衣服的线头才一角钱。

　　"剪20件才够买一张电影票。"我算的很快。

　　爸爸放下筷子,看着我说:"我佩服这孩子。你学着点。"

　　银幕挂好了,爸爸把放映机支起来,我问爸爸今晚为什么还演《小兵张嘎》,爸爸只是说:"等那个叫宋朝的孩子来了,你告诉我是哪一个?"

　　我答应着,有点吃醋。

　　宋朝果然来了,还有那四个伙伴。他们拿出自制的假票,表情怪怪的。妈妈没抬头看他们的样子,认真地收下了,还把假票皱褶的地方抚平了。妈妈没揭穿他们的把戏。

　　我把宋朝指给爸爸看,爸爸走过来。

"你叫宋朝？"

"是。"

宋朝的脸红了。造了假票，他心里有鬼。

爸爸把宋朝叫进屋里，拿出一个铁盒，哗哗响，那里面装着我家最近的利润。爸爸把铁盒递到宋朝面前："拿去，给你妈看病。500块钱，我就赚这点钱。"

宋朝推了一下："我不要。"

爸爸拿出纸和笔："谁说白送你了。写个欠条，长大了赚钱还我。"

宋朝不写："等我长大了你要是死了怎么办？"

爸爸笑了："我不在了就还给我儿子。"

宋朝痛快地接过笔："那我写！"

宋朝坐在我的书桌旁边，写得很认真。把欠条塞给爸爸，宋朝拿起铁盒跑了，铁盒哗拉拉响着："到时候连这个铁盒一起还你！"

爸爸打开欠条，我凑过去看：

欠 510 元（10 张电影票，10 元）。宋朝。

今天，月亮早早升起来了，给我家的院子里洒了一层白白的霜。

有人急了，喊爸爸了。爸爸把欠条认真叠起来，揣到我兜里："走，开演了！"

第……天

爸爸熬夜加工出来的新电影票只用了一天。

社区的王姨陪文化局的人来了。我家的露天电影院属于非法经营，也干扰了附近居民的正常生活，必须停止。爸爸态度特别好，说船坞放假了，待着就没钱花了，问能不能补办个手续。文化局的人说那也不行。王姨见爸爸特别为难，答应给爸爸找个临时工作。

爸爸没词了，只好宣布我家的股份公司破产。

爸爸收起放映机和银幕，但没舍得把它们装进箱子。我试探着问爸爸，我是不是现在就可以继承这个放映机。爸爸狠很瞪我一眼，要我先别打它的主意。我把脑袋缩回小屋，三心二意地写着作业。爸爸摩挲着他的放映机自言自语："这家什正好用呢，闲置着太可惜了，实在不行，咱在屋里演拿它当电视用。"

当晚，卖豆腐的大妈和擦鞋老徐来找爸爸了，他们要求退票。他们听说我家的电影院不营业了，可是手里还有一张票，那是他们卖豆腐和擦鞋的钱。妈妈马上要找钱给人家，爸爸说不用退，晚上在屋里再演一场。当晚，在我家的屋里，最后演了一场。

一天一天过去，爸爸不抱希望了，认定他的电影工作者做到头了，以后跟张艺谋、徐静蕾就不是同行了。爸爸把他的放映机最后抚摩了一遍，喊我过来，帮把他的家什装进"棺材"。最后时刻，社区的王姨来了，给爸爸带来了不坏的消息：兴隆大超市愿意聘用爸爸，在他们门口的小广场放免费的露天电影，周六周日两场，按月给爸爸一份工资。

爸爸嘿地一声笑了，砰地弹了一下大箱子——他还是电影工作者！

这样，每个周六周日的傍晚，爸爸就蹬车把放映机带到了兴隆大超市门口，开始他的最新工作。我在他后面颠颠跑着。有时候也有别的孩子跟着跑，有我的同学，也有我不认识的，还是羡慕的

看着我。他们还说，真厉害，你家的公司开到兴隆大超市啦！我严肃地推开他们："离远点，挺贵的……"

有兴隆大超市肯出钱租拷贝，爸爸放的第一部片子是《我的父亲母亲》，开头没什么意思，不如《小兵张嘎》好看，还不如看银幕上方的月亮呢。闹着闹着我们安静了下来。那天，杨棵木、宋朝，还有李小蝉，都哭了。李小蝉哭着哭着还回头看了我一眼，眼睛像月光一样明净。我把头扭过去，没让她看见我哭。大概从那天开始，我觉得喜欢李小蝉与以前的喜欢不同了。也是从那以后，上学放学路上我没怎么跟李小蝉一起走过，就是遇不见。她有意躲开的吧。

一年以后我们小学毕业了。我和宋朝升入一个学校，同班同桌；李小蝉跨学区去了一所好中学，跟杨棵木同校。为这个我嫉妒杨棵木很长时间。不在一个学校了，我和李小蝉的友谊更淡了，甚至结束了。但是我没有忘记她，相信李小蝉也记得。

至少，我们都记得我家的电影院：它是露天的，晴朗的秋夜，银幕上面洒满月光。

山里孩子的冬天

周学军

一

强子被李大哲蔑视的说话口气激怒了，犟脾气忽地蹿上来："打赌就打赌，还怕你啊！"

金龙和春生也都附和着："对，我们不怕他！"

李大哲说："我没说你怕，那你说，怎么赌吧？"

强子说："自然是比赛滑冰车了，冬天在海子上，还能赌什么啊？"

强子把棉袄袖子都挽起来了。李大哲问："还没说赢什么呢？"他的眼珠快速转动着："你要是输了，就把你的弹弓给我！行不行？"

弹弓把是枣木的，都磨得发红了，还是强子爷爷小时做的呢，强子一直当宝贝一样的带在身上，他有点舍不得，嘴上却很硬："那要是你输了呢？那就得把你的冰车给我！"

李大哲犹豫了一下，他的冰车是旧球刀改做的滑道，前边翘起来，像阿拉伯人的弯刀，滑起来威风极了，他咬咬牙，说："冰车就冰

152

车,大家都听着呢,到时候可不许耍赖!"

李大哲去解开他们的冰车旗舰了,李小慧跟在后面嘟囔着:"哥哥,你不是说以后买了冰刀,把冰车给我的吗?"

李大哲说:"去,去,去,别说这种丧气话好不好,我怎么会输给他呢!"

强子看着他们的冰车旗舰散开了,冷笑着:"少了李大哲的冰车,冰车旗舰还能叫冰车旗舰吗?"

强子很怀念以前的冬天,那时候一放寒假,海子上几乎是他和春生、金龙、国柱的天下,广阔的冰面上,滑冰车、抽冰尜、打滑味溜,可劲地玩,可劲地疯。今年冬天不同了,李大哲、李小慧、林冬冬和那个小胖子掺和进来了,来了就来了呗,他们还把四个小冰车捆绑在一起,组合成一个大冰车,滑起来,大叫着,闪开! 冰车旗舰来了! 在海子上横冲直撞。不让乱撞还不服气,还张罗着打赌。赌就赌吧,东风吹战鼓擂,现在海子上究竟谁怕谁啊?

比赛说比就比完了,他们从海子东边滑到西边,强子比李大哲慢了几米。

强子把失败的原因归咎为李大哲会压道,还贬斥说:"你并不比我强多少!"

乌拉河水在大山沟里冲积成一条宽阔的水面,当地人习惯地叫它海子。湍急的水流流经海子时,要顺着弯曲的河床舒缓地拐三个弯,结冻后,冰面上也就呈现出一条中间略显低凹的 W 形冰道,平时孩子们都喜欢从两侧的冰坡上向冰道中俯冲,然后,凭借惯性冲上另一侧的冰坡。比赛就不一样了,只能顺着这条平滑的冰道中一决高下。李大哲在比赛中,一直是狠狠地压住了 W 形冰道内侧前进。强子的言外之意是李大哲的胜利靠的是冰车灵活,不是什么真本事!

李大哲可不听这个,他把手伸向强子,笑嘻嘻地说:"打赌要的是结果!怎么样?把弹弓乖乖交出来吧!"

强子把弹弓紧紧握在手里,心想:弹弓就这样轻易给别人了?他后悔,不该答应李大哲拿弹弓做赌注,这个家伙肯定是早就打弹弓的主意了。

春生猜出强子的心思了,说:"那不行,我们这儿比赛都是连赢三次才算数,还有两次呢!"

国柱看着春生的脸,也说:"对,得连赢三次才算数呢!"

李大哲恼火了,大声嚷着:"你们玩赖!刚才没说,马后炮不算!"

强子说:"我们就这规矩,都知道,你才玩赖呢!"

两大阵营,金龙、春生、国柱站在强子一边,李小慧、林冬冬、小胖子站在李大哲一边,粗脖子红脸地对峙起来。

眼看要动手了,李大哲后退一步说:"算了,三次就三次!我告诉你啊,要是再输了,你可要把弹弓交给我了!说好了啊!"

二

强子回到家时,天色有些晚了,以往这时,他都要和妈妈去爸爸的大棚里帮助忙乎一会儿,然后全家一起吃饭。今天他不想去大棚了,他累了,也饿了。他打开饭锅,一阵狼吞虎咽过后,躺到炕上,迷糊过去了。

也不知道睡了多长时间,他听到了爸爸的叹息。妈妈开导爸爸说:"别那样,车到山前必有路。"

爸爸说:"一开始以为他们来到山里,能在技术上带咱们一把,

没想到,现在倒成了咱们的最大竞争对手,去年订购咱们山菜的那些客户,今年都奔他们的大棚去了。这些城里人啊,要抢咱们的饭碗子了!"

听到爸爸的话,强子心情也沉重起来,他们家的收入几乎都指望着大棚里的山菜呢,如果山菜卖不出去,问题可就大了,别的就不说了,起码过年不能换彩色电视机了,而且和春生一样的山地车也就要吹了。他恨李大哲爸爸,在心里一遍遍地骂着:"李大眼镜!李大眼镜……"渐渐地进入了梦乡。

金龙早上来找强子,让他陪自己去李大哲爸爸的大棚问问,能不能找点什么活,也好减轻点爸爸的负担。

金龙的爸爸是瘸子,没盖起来大棚,家里生活很困难,本来,爸爸经营的小卖店生意还算维持,但李大哲爸爸他们来了以后,因为有车,经常给邻居捎些什么东西,小卖店也就变得伴死不活了。

天气有点冷,小北风呼呼地刮着,强子和金龙嘴里"丝丝哈哈"的,时不时地把手插进袖口里捂着,一路踩着"嘎吱嘎吱"的雪声,来到了村西路口的"山菜大棚区",这里都是乡上的招商引资项目。

强子先去了李大哲家。李大哲正修理冰车呢,他把冰车挂在院子里的墙上,带他们来到大棚。这一片大棚数李大哲家的最大,棚顶是鱼脊形的,还搞了自动温控。李大哲在门口叫爸爸,喊了半天,李大哲的爸爸才一头大汗地从里面转出来。

听强子说明了来意,李大哲爸爸显得有些为难,说:"缺人手倒是缺人手,我从早上忙到现在,还没吃上饭呢。只是金龙年龄太小了!小孩子能干什么啊?"

金龙响亮地说:"我能干,什么都能干!"

李大哲爸爸正正眼镜,说:"那,那我也不敢用,使用童工那是

违法的,电视上经常说的。"

金龙一听转身就离开了:"不用就不用,直说不就完了,还说用童工是违法的? 城里人说话都拐着弯!"

强子劝解说:"李大哲爸爸说的也有道理,我也听老师说过不能雇用童工干活。不过,我们可以动动脑筋,能不能找到别的什么办法呢?"

到金龙家门口,看见停着一辆红色轿车,漂亮的漆色在阳光下闪着光。会是谁的车呢? 金龙跑进屋去,强子随后也跟进去了。

金龙的爸爸坐在炕梢,叼着空烟袋锅子,闷着头一声不响。炕头坐着金龙的妈妈,涂着红艳艳的嘴唇,并排坐着一个年龄很大的陌生男人,肥胖的如一堆肉,戴着墨镜,光秃秃的脑门,很像一个电视里经常出现的坏家伙。

金龙妈妈让金龙管那个胖子叫杨大伯。

金龙用鼻子哼了一声,就要拉着强子退出来。妈妈阻拦说:"金龙,你别走,我和你杨大伯回来,是想带你去城里。我给你联系了一个学校,想安排你插班上六年,补课老师也请好了。你要马上跟我们走!"

金龙爸爸说:"要走也不能这么急,我得给孩子收拾点衣服。"

金龙妈妈说:"有什么好收拾的? 家里都是些破烂,到城里买新的,什么也不带。"

金龙看看强子,看看爸爸,又转向妈妈,沉稳地说:"妈妈,事情也太急了吧? 这是我的事,你得让我好好想想!"

金龙妈妈听了大骂:"小兔崽子,有什么好想的,你去不去? 告诉你过了这个村,可就没这个店了! 这个死孩子,都气死我了!"她在屋里转了一圈,气急败坏地说:"走,老杨,咱们走!"

那个胖子说:"别这么急啊,我还没拍照呢! 我头一次来,得拍

几张照片回去,这里淳朴的大山,真的是很美啊!"

来到院子里,金龙狠狠地骂着:"浑蛋话,山沟沟里有什么美的?不就是仗着有几个土鳖钱嘛,站着说话不嫌腰疼,你空着两手到这儿过几天试试?饿趴下你!"

三

三天后的上午,第二次滑冰车比赛开始了。

李大哲催好几次了,好像是强子害怕了似的。上次是李小慧喊的口令,小丫头片子喊的声音又尖又细,杀猪样的嗓门刺激得大家耳朵痒痒的,这次她还要喊。

金龙上前推开李小慧,说:"不行,风水轮流转,应该轮到我喊了。"他板着脸:"我先声明,谁也不许抢滑,抢滑三次算是自动放弃比赛。"

李大哲明白金龙的话是对自己说的,马上回答说:"你不用警告我,我不会抢滑的,我的冰车速度足够快。"

"你不要多嘴!做好准备!听口令,"金龙喊:"预备——滑!"

强子一开始滑得很快,在拐第二个弯时,他专注于压内道,没注意到新发生的一个冰裂子,他滑上去,冰车扭动了一下,方向有点偏离赛道了,他用冰锥子一戳冰面,试图把冰车的方向调整过来,结果用力过猛,冰车转了一个圈。李大哲趁机超过了强子。后来,尽管强子猫着腰,拼命追赶了好长一阵子,到海子西边的终点,他还是落后了李大哲十几米远,比上次还惨。

强子觉察出了有点不对劲,他停住冰车,翻过来看,粗铁丝做的滑道,已经被冰裂子别得扭曲了,强子把冰车摔在冰上,骂着:

"这个捣蛋的冰车！"

李大哲冷笑着说："不要强调客观，输了就是输了，记住，这可是第二次了！还有最后一次！"

强子正恼火呢，听了李大哲的噎脖子嗑儿，接话说："什么叫强调客观，我说比赛不算了吗？你搭什么茬啊？"

李大哲说："你嘴上没说，但你心里肯定那么想了！"

"废话，我心里想什么，关你什么屁事啊？"强子给冰车拴上绳子，拉起来就走。

李大哲撇着嘴："嘿，嘿，瞧你那个破冰车吧，要多寒酸有多寒酸，还敢拿来参加比赛呢！"

金龙警告说："城里的小子，你们别太狂了！破冰车怎么啦？你们的冰车好，在城里玩啊，跑我们山沟里赛什么？"

听到金龙的话，李大哲一时没想出怎么样应答，就说："好了好了，不跟你们一般见识！反正你们也赢不去我的冰车。"

走了几步，李大哲又得意起来："要是你们真的赢去冰车，我就玩新的了，我爸爸说了，卖了大棚里的山菜，就给买新冰刀，我要磨得快快的，在冰上刷刷刷——风驰电掣一阵风！"

国柱不知好歹地接了一句话："什么冰刀还要磨？要砍冰啊？"

林冬冬拉着小胖子哈哈大笑，总算找到说话的机会了，他嘲笑说："说你们老土，你们还不服吧？冰刀都得磨，不磨怎么保持刀刃锋利啊？"

强子听了这句话，突然回过头来，愤怒地问："谁说的？说谁老土呢？"他指点着林冬冬："是你吗？你再说一遍！"

林冬冬看到强子恼火的样子，吓怕了，他后退了一步，"呐呐"了几声，什么也没说出来。

李大哲上前拦住了强子，故意一挺身子，一口痰吐在冰面上："你别跟他来啊，不是咱俩比赛吗？有能耐冲我来！"

强子看着比他高一个头的李大哲嘴角撇出满不在乎的样子，气就不打一处来，他厉声喝问着："你要干什么？想打架吗？"

金龙和春生冲上来。金龙大声说："电视里说了，士可杀，却不可……"

春生补充说："不可辱！"

然后，他们一起指点着李大哲的脸，声嘶力竭地喊："揍他，揍他！"

强子一个马步冲拳，打在李大哲的鼻子上。

李大哲鼻子一酸，一股血水涌出来，他蹲下来，用双手捂住鼻子。

林冬冬和小胖子冲着强子他们大喊："你，你们太过分了！"

李小慧跑过来，大骂着："你们浑蛋！"她捡起一块冰块砸向强子。看着冰块擦着强子的耳朵飞过去了，她大声叫着："强子，你等着，我以后找你，饶不了你！"

四

晚上，金龙回到家，爸爸在等他吃饭。

炕桌上摆了好几个菜，酸菜炖粉条子，马口鱼炖大豆腐，还有一盘炒山蕨菜芽。酸菜是山里人的过冬菜，只是加了肉片、加了粉条子，味道就不一样了。马口鱼还是封冻前自己在海子里捞的，一直冻在雪窝子里，鱼很小，但马口鱼是吃鱼的鱼，肉质极鲜美。青翠的山蕨菜芽呢，金龙猜，肯定是强子家送来的。虽然不是些什么

稀罕菜,却都是他最爱吃的。

屋顶的小瓦数灯泡发出惨淡的光来。

昏黄的屋子里,爸爸把烟袋锅子抽得吱吱作响,明明灭灭的烟火中,不时地闪现出他拧成了两个疙瘩的眉头。爸爸说:"来吧,吃吧,趁热动筷子!"

金龙疑惑地问:"爸爸,没什么事吧?"

"有什么事啊,快过小年了,咱们的生活也适当地改善一点。"爸爸是心里装不住事的人,果然,他把烟袋锅在炕沿下磕一下,重新装上烟,干咳了两声,说出深思熟虑的话来:"金龙,你这么疯跑下去,也不是个事……"

金龙似乎觉得猜到爸爸要说什么事了,忙说:"我不能总这样玩,我已经找李大哲爸爸了,没谈成。我准备做点别的事,具体的,还没想好呢……"

爸爸打断他的话:"你别打岔,我是想问你,你到底去你妈妈那儿不? 人要是不念书,到了用时,后悔就来不及了。"

金龙惊讶极了,爸爸怎么会让他去妈妈那儿呢? "爸爸,你让我去,说的是心里话吗?"

"如果从长远考虑,我认为你应该去,你已经快一年没上学了吧? 再耽误下去,学的那点东西,也就忘个差不多了。"爸爸说这话时,脸沉在桌子下,狠狠地巴嗒着烟袋锅子,浓浓的烟雾在屋子里弥漫开来,辣辣的味道,呛得人直想咳嗽。

金龙说:"爸爸,你说的也许有道理,是为我好。但我可不是小孩子了,我没有脸凑到那地方去,我一看到那个秃顶的浑蛋,就想揍他。再说,你身体都这样了,我要是走了,家里的重活,谁帮助你干啊?"金龙说话时,一直回避着提到妈妈的字样。

爸爸看看儿子,儿子的嘴边已经长出来些许淡淡的绒毛,嘴角

160

也刻画出男子汉刚毅的线条了。他低垂着头,什么也没说,下地趿拉着鞋,一瘸一拐地走到飘着雪花的院子里。

金龙拿着爸爸的大棉袄,跟出去了。

山里的日子太苦了,吧嗒吧嗒嘴都能咂出涩涩的苦味来。

下过雪的山里,一片洁白,且不说村子里的屋舍了,就是再远些的大山,成片的森林,也都是银装素裹的。这种铺天盖地、整齐划一的白色,也使金龙心里空落落的。

金龙夜里没有睡好,早早就爬起来了,带着大黄狗,拖着冰车,去了海子。

站在空旷的海子上,看太阳从东山上慢慢地升起来,红红的、圆圆的,柔和的阳光和缓地平铺下来,洁白的远山近山,一瞬间都有了富有层次的轮廓。一大群的鸟儿从远处飞过来:"嘈嘈杂杂"地落到海子边的大树上,摇落的积雪,如落英缤纷的梨花。

这个时候,回头看阳坡上的乌拉海子村是最美的,早上的炊烟轻轻地从村落里飘出来,冉冉地融入蓝天。山坡上、屋顶上、树上,洁白色的雪花魔术般地把阳光折射出无数的金色光芒,很耀眼,也很迷人。

金龙想,大山里的确很美,那个浑蛋的胖子说的一点也没有错,但大山里的美,也是他这号人说的吗?什么话,一到他们嘴里就变味了。他恨这个带走妈妈的家伙!

强子也在海子上。

昨夜下了一夜雪,但冰面上却很干净,雪花都被北风吹走了。北风裹着雪花在冰面上滑过时,清扫了孩子们的活动痕迹,也弥合住了大大小小的冰裂子缝隙。这是一场让孩子们喜欢的顺风雪。

强子正一遍遍重复着一个动作,坐着冰车从一处冰坡上,向下俯冲,听任着风声在耳边呼呼作响。第二次比赛让他失手的冰裂

子,就是这处冰坡上的大冰裂子伸展过去的。能不能利用一下这个坡度做点文章呢？冰裂子延伸到赛道上,已是既成事实,而且随着天气变冷,一天比一天加大,一天比一天增多,怕是没有用的。

强子看见金龙了,站起来打招呼。他摘下帽子,用戴棉手套的手在头上胡乱地抹着汗水,把棉帽子在裤子上"啪啪"摔着,白白的霜花、哈气溜子,把黑色的裤子点染得斑斑驳驳。

春生、国柱也都带着冰车过来了。

大家不约而同地提到了比赛的话题,

春生说:"赛道上突现的冰裂子只是一方面,关键的关键,好像是你的冰车不行。"

强子强调说:"我的冰车已经修理好了,很正常。"

春生说:"不知道你们注意没有？李大哲的冰车滑道是旧球刀改的,中间有一条槽。就是那几个人冰车的滑道也比咱们的高档,是角铁做的。他们的冰车离冰面高,过障碍能力强,而且摩擦力也小……"

国柱说:"就是,就是。"

金龙不愿意听国柱说话,就会捧春生,跟腚螂子似的,还不是因为他们家的大棚总要春生爸爸去指导？他恼火地说:"别说了！我们的冰车不行,不行怎么了？还要向他们投降不成啊？净说没骨气的话！"

强子怕大家吵起来,说:"我知道是怎么回事了。我们的冰车滑道是粗铁丝做的,不经磨,一磨就会变软、变形,还有固定粗铁丝的钉子帽划冰面,增加阻力。我要在冰车滑道上动脑筋,做一点改进。"

回家的路上,强子悄悄问金龙:"你还去你妈妈那儿不？"

金龙用棉袄袖子擦擦鼻涕,摇摇头说:"不去！"

强子迟疑着说:"你要是不去,就得想办法上学,六年级功课还不算太难,等到升初中,那可就不好赶了。"

金龙说:"我也想这件事呢,但在上学之前,我要想出个帮助爸爸的办法。"

强子说:"我有个办法,就是不知道你干不干?"

金龙说:"当然干了,你说吧!"

"说起来也挺有意思的。我前山的大姑去年春天在山坡上看到一窝山兔,都要饿死了,本来她不想捡,但一想,大兔子肯定被人套了,就抱回家,和家兔放在一个笼子里喂。等小兔长大了,她抱回到山坡上放生,她刚回到家,山兔就都跟回来了,和家兔抢食吃。后来,她们家的山兔和家兔都生小兔了,不但个头大,而且毛也长,很多养兔的听说了,都来买,说这叫杂交优势。你如果能吃辛苦,我给你要两对来,三个月就能生小兔,一窝就是七八只,喂小兔一早一晚就能做了,很省事的。"强子一口气说完,脸都憋红了。

金龙听了很高兴,连说:"行、行、行。"

"那你回家先做好兔笼子,准备好饲料,我过几天就给你拿过来。"

五

村子里不久传出了一件事,李大哲家的院子进小偷了。

蹊跷的是,李大哲的爸爸听到了狗叫,出来检查了院子里的所有东西,什么也没丢,只是发现李大哲的冰车掉到墙外了。他捡回来冰车,大叫奇怪。

是有点奇怪,小偷别的东西都不拿,为什么专要偷冰车啊?村

里人都说李大哲爸爸耍心眼,是放出风来警告小偷:我们家警惕性高着呢!

强子觉得还有一种可能,他去悄悄地问金龙:"是你干的吗?"

金龙不说话,只是笑着摇头。

强子问:"不会是你怕我比赛输,偷走李大哲的冰车,要把滑道换到我的冰车上吧?"

金龙笑笑说:"你胡说什么啊,我会那么笨吗?"

从金龙家出来,强子遇到了李大哲,他一时没躲开,就对他笑笑,李大哲也对他笑笑,两个人的怨恨就这样化解了。山里孩子的和解如同结怨一样,都来得突然而便捷。

强子问起小偷的事。李大哲说:"也许是,也许不是,哪有小偷只偷冰车的?"

李小慧在一边抢话说:"是,就是。我哥哥的冰车是球刀做的,很值钱!"她还拍拍身边的黑狗:"多亏我们家的老黑呢!"

强子回到家忍不住大笑,他想起电视上一句经典词汇——炒作,断定:李大哲和李小慧兄妹俩在玩炒作游戏呢!是怕我不敢继续比赛吧?城里人净是鬼点子!

强子可不在乎炒作不炒作,他下定决心,一定要把李大哲的冰车赢过来,关键是要赢了这口气!

强子爸爸回到家,一声不响地坐在炕沿上抽烟。

爸爸近一段时间,话越来越少,脸越来越黑,眉头也越皱越紧。强子不止一次地听爸爸嘀咕,县城里的山菜市场饱和了,大棚要赔上几千元。

强子是一个很敏感的孩子,每听到爸爸说一次山菜的事,心里就压抑一次。压抑时,强子就跑到海子上,架着冰车疯狂地划一阵子,除此而外,他实在想不出别的什么办法来发泄自己了。

乌拉海子村的山菜大棚最初是春生家先搞起来的。春生爸爸是村民组长，念过高中，脑瓜活泛，看到电视上人们在大棚里种反季节水果，就想到了反季节山菜。他把山蕨菜、山玉米、刺嫩芽子等一些人们喜欢的山菜，封冻前挪到大棚里，搞人工栽培。等到冰天雪地时，把小嫩芽拿到市场去卖，很畅销。

春生家人工栽培山菜成功后，就向村里人传授技术，搞大棚山菜的人多了，村上出了名气，才吸引城里人来这里投资建高档大棚。

强子认为爸爸应该和李大哲爸爸谈一谈，总这样生闷气不是个好办法。但他一开口，爸爸就斥责说："你不要掺和大人们的事，你小孩子懂什么？"

强子觉得自己长大了，也懂很多事，但是，一直让他苦恼的是，他却不能帮助爸爸排解一点点忧烦。

春生和国柱也很快和李大哲和好了。过小年那天，李大哲家新买的保温货车开回来了，有了这样的车，运送新鲜山菜，就不怕冻了。全村人都来围着看，"啧啧"称赞着。

李大哲更是高兴得脸上放光，身子也板板的，在车前晃来晃去。

春生和国柱也去凑热闹，看大人们走了，他们壮着胆子靠近车，用手摸了一下蓝得耀眼的车身。李大哲发现了，对他们说："你们要是想摸就摸吧，没关系的，是烤漆的，摸不坏的。"

国柱听他这样说，胆子就大了，他探着头，往驾驶室里看，漂亮的座位，精巧的方向盘，还有光滑锃亮的仪表盘，里面的彩色数字忽闪忽闪地跳动着。

李大哲说："要不你们进来看吧，我教你们开车。"

李大哲说着坐在了驾驶员的座位上，春生和国柱也挤进副驾

驶的座位里。李大哲给他们讲哪个表是管什么的？怎么样打方向盘？哪个杆是管什么的？还有脚下的踏板，哪是油门？哪是刹车？

国柱探着头问："你会开车吧？"

李大哲说："我会开原来那个大解放，这个车估计也能开，但车太新，我不敢开。"

国柱用手抚摸着一个表盘问："这是什么？"

李大哲用手一拨拉国柱的手，说："只能看，不能动，这是 Mile 显示，很贵重的。"

国柱听不明白了，问："你说什么？"

李大哲卖弄地说："是英语，m-i-l-e，翻译过来是英里，时速的意思。"

"哇，你知道这么多啊！"国柱有点对李大哲崇拜了。

李大哲脸上现出得意的神情，说："汽车的结构很复杂呢，除了机器，主要有油路、电路，两大系统。来，咱们下去，我告诉你们油路在哪儿？"

春生和国柱一跳下车，李大哲就过来把车门关上了，车门的锁好听地"咔啦"一声，国柱再拉就拉不开了。

李大哲用脚随便在车底盘下面指点着，说："这就是，这些都是！"

后来，李大哲说他们家要吃饭了，他要去给送车的师傅敬感谢酒，春生和国柱就回来了。路上，春生疑惑地说："我家有一个三轮货车，好像油路、电路都在机器盖子里。他说的不一定对。"

国柱第一次反驳春生，说："你说的不对，他们家是高档车，和你们家的低档车不一样。"

春生看不起国柱说起李大哲家新汽车，那一副发贱的样子，就

说:"你这个人怎么了? 高档车、低档车,不都得有油路、电路吗? "

金龙在院门口看到他们"唧唧喳喳"地走过来,问清楚了是怎么回事后,指责说:"还有脸争论呢,去他们家看什么啊? 他们家有钱,就过有钱的日子! 咱们家没钱,就过没钱的日子! 你们得红眼病了? "

六

强子战胜李大哲的想法越来越强烈了。

李大哲那边放出风来,已经做好最后的准备了。强子想:在这种时候绝对不能退缩,不能当熊包! 但怎么才能扳回这一局,扭转局面呢? 这可是一个让他很伤脑筋的事。

他和金龙在村子里转来转去,寻找着冰车滑道的代用品。转到自己家的大棚,他发现爸爸、妈妈,还有春生爸爸,都在里里外外地忙着呢,原来大棚被积雪压塌了,他们正在加固大棚,往破损的塑料棚顶上盖草帘子呢。

强子急了,这可不是小事,他和金龙跑回家去抱来了好几床被子。

大棚加固好了,草帘子和被子也都盖上了。但破损的塑料棚顶要补上,大冬天里去哪里买这种透光塑料呢? 大棚里面娇嫩的山菜芽眼看要保不住了。

出乎意料的是,李大哲的爸爸派人送来一捆透光塑料,并捎话说:"你们看看够不? 不够,我们还有! "来人扔下透光塑料捆,转身就回去了。更让强子不可理解的是,爸爸送出去很远,脸上竟然有着感恩戴德的表情。

如果不是因为这些城里人和他们争夺山菜市场,他们家的山菜早就卖掉了,那样,即便是大棚塌了,也不会让他们担惊受怕。强子认定:无论如何一捆透光塑料也不能和这些卖不掉的山菜划上等号,不成比例啊!

补好了大棚顶的漏洞,春生爸爸指点着棚顶,解释着被积雪压塌的原因,说:"你们家的大棚过于简陋,顺着后山的斜坡一顺水下来了,棚顶的承受力很差,过年再建时,棚顶要搞成弧度……"

爸爸说:"重新建大棚,谈何容易啊?今年的山菜还不知道能不能卖出去呢?"

强子最看不了爸爸愁眉苦脸的样子,拉着金龙跑出去了。

外面的小北风嗖嗖地刮,强子清醒了许多,大棚、山菜、烦恼……全都是乱糊糊地一锅粥,都远远地离开吧!

一转身,他看到大棚边上的几块半截的水泥预置板了,散扔着,上面积了一层厚厚的雪。

强子上前踢一脚,看着预置板断面的裸露出来的钢筋头,眼睛一亮,小声地对金龙说:"其实,只要一块就足够了。"

金龙还以为听错了呢,他问:"你说什么?你要打预置板的主意,是有人放在这儿的,听说很贵呢,你找死吧?"

强子找借口说:"是没人要的,废的,都扔好几年了!再说了,马上就过年了,冰车大赛就是这两天的事,实在是顾不了那么多了!"

当天晚上,强子叫来了春生、国柱,连同金龙,四个人拿着大锤、铁钎子,悄悄地来到了预置板跟前。强子说:"只砸最小的一块,估计里面的钢筋也够咱们四辆冰车做滑道用了。注意,动作要小心,别伤着人!"

强子先抢了一锤:"咣当"的声音在静静的大山沟里传出去很

远。强子安慰说："不怕，咱们快点砸，完事就跑！"

几个人奋力就把大锤抡圆了："叮叮当当"一阵乱响，预置板很快就分崩离析了。他们从里面拉出来八根钢筋，强子给大家分了，一人两根。

他们刚要离开，有人在路边大声喝问："谁在那儿呢？是什么人？"

"是春生爸爸！"强子想：坏了！他沉住气，嘱咐说，"别怕，都趴下，都别出声！"

国柱害怕极了，扔下钢筋，撒腿就跑，大叫着："完啦！完啦！我说不来、不来嘛！"

又有几个人从四周围过来，他们都是被大锤声惊醒，吸引过来的。

强子只能是好汉做事，好汉当了，他对围上来的人说："这事跟别人无关，是我干的！要打、要罚冲我一个人来！"

强子爸爸过来，一巴掌打在强子脸上："想卖钱啊，要学坏啊？混账！"

强子脸上立刻现出五个红红的手指印，他捂着脸，分辩说："我只是要做冰车，不是卖钱！"

强子被爸爸拖回家，爸爸让他跪下反省错误。

强子站得直直的，说："我错了！"

爸爸还是让他跪下。

强子还是站得直直的，说："我不跪，我承认错了！"

爸爸呼呼地喘着粗气，一屁股坐在炕沿上，抽出一支烟，手指颤抖着，半天也没有点着。

春生爸爸敲门进来了，把两根钢筋扔在地上，说："也不是什么好东西，跟城里一个当包工头的亲戚要的，我都快忘了，也是准备

砸钢筋的,算是他们替我砸了。这两根就送给强子做冰车了!"

爸爸说:"不行,不能这样惯着孩子。钢筋你拿走,要不,我就给你扔出去!"

春生爸爸提着钢筋,边往外走边说:"告诉你啊,钢筋我拿走,但你可不要打孩子啊,别说明天我跟你翻脸!"

送春生爸爸回来,爸爸对强子说:"好吧,既然你承认错了,我也就不打你了,但是,你要认罚,答应给你买的山地车,取消了。"

强子一听山地车取消了,顿时哭出声来。妈妈劝爸爸说:"算了吧,别难为孩子了,山地车是上学骑的,是正用,还得买。"

爸爸说:"不行,这件事我说话算,山地车坚决不能买了! 这孩子太任性,蹬鼻子上脸,以后就更难管了!"

强子知道爸爸一向心硬,求也没用,就揉揉眼睛,强忍着抽泣钻进被窝里。

金龙听到强子的山地车没了,大叫着:"这是什么狗屁比赛啊? 太不值了!"

强子冷静地说:"比赛不能半途而废,大家不要泄气,还要给我擂鼓助威!"

金龙忽然一笑,小声说:"我也犯了错误,那天李大哲家丢冰车是我干的。"

强子说:"我当初就猜到了,你为什么当时不承认?"

"你是说,偷走李大哲的冰车,要拆下滑道来,我当然不能承认了。"

春生听不明白了,问:"那你想干什么啊?"

金龙又笑笑:"我想的很简单,把李大哲的冰车扔了,远远地扔,让他找不到。但只差一点点,却没有成功。"

金龙看春生用疑问的眼神盯着他,又说:"李大哲家的老黑

'嗷'地一声扑上来，一口叼住了冰车。我拼命地甩，老黑'嚯嚯'地吼叫着，就是不松口。后来，我听到院子里有门响声，李大哲爸爸喊了一嗓子，'谁在外面呢？'说着就传来了急匆匆的脚步声。实在是抢不下来冰车了，只好三十六计——走为上了。哎，说起来，都怪这个不通情达理的老黑！"

听金龙说完，强子和春生都哈哈大笑。

在赛道的起滑处，他们选择几个点，把冰车用力一推，看哪点上的惯性更大。冰面反光性很强，些许的坡度，用肉眼很难看出来。

强子发现好像人手不够，才看见国柱离大家远远的，讪不搭地独自玩呢。强子喊："哎，国柱，你也过这边来！"

国柱慢慢地走过来，怯生生地解释说："你们都恨我，是吧？那天就我跑了，很不够哥们！"

强子说："事情已经过去了，不要再说了……"

国柱还是解释："但是，他们围上你们，可不是我喊来的。"

金龙突然生气了："你啰嗦个什么啊，还没完了？真烦人！愿意过来就过来，要不，就远一点走着！"

国柱讷讷说："别用那种口气和我说话！我知道你们都看不起我，烦我，那我就离你们远一点！"国柱拿着冰车又离开了大家，神情有些沮丧和无奈。

七

强子通过反复试验，找到了最有优势的起滑点。

随后，他们滑向了第二个弯，这是强子第二次比赛"走麦城"的地方，他一直对这个地方耿耿于怀。强子滑得过猛，一下子冲上

冰坡了,他把冰车往后一压,前板翘起来,顺利地越过了大冰裂子,然后,他把冰车信马由缰地从冰坡上放下来,在惯力推动下,冰车穿过第三个弯道,冲上了下一处冰坡。

金龙赶上来说:"这个路线不错,只是滑过劲了!你要在第三个弯道的冰坡前收住车,就势拐进冰道才行。"

春生用冰锥子在冰上"哧哧哧"地画出几条白线来:"你们看,这是 W 形冰道,这两侧是隆起的冰坡。你从起滑点就上了左侧的冰坡,直接穿过第二个弯道,再上另一处冰坡,斜插到第三个弯道处,差不多是横冲直撞地走了一条直线,到这儿——他画上一个圆,你必须调整冰车方向,拐一个弯,否则就偏离终点了。"

强子拿着冰车又回到起点,重新滑了一次,尽管累得气喘吁吁,结果却还是一样的,俯冲下来的速度实在太快了,他没办法就势拐进冰道。

春生说:"如果在第三个弯道的冰坡前,正好撞上什么东西,减缓一下速度就好了。"

强子突然想出办法了:"如果是正好撞上李大哲的冰车呢?"他选好了一个位置,把金龙的冰车放好,再实验一次。

这一次试验的结果,让强子大喜过望,金龙的冰车被撞得飞上了冰坡,自己的冰车拐进了冰道,虽然方向不是很精确,但如果是撞上一个载人的冰车呢?一切不言而喻。

强子还要继续试验一下,金龙往国柱那边使着眼色,说:"拉倒吧,明天再接着来吧!"

强子笑了,小声说:"你是怕国柱出卖我们?不会的。"

春生说得很委婉:"还是回家吧。今天天气好,一会儿,说不定李大哲他们就上来了。"

强子没有回家,他让春生把冰车带回去,和金龙去了前山大姑

家。

强子和金龙带了两对小兔回到村子时,捡破烂的刘大爷在村口看到他们了,他张着没牙的漏风嘴,问:"强子,你没挨打吧?"

强子明白刘大爷问的是什么,脸就红了。

刘大爷说:"跟我小时候一样,一到冬天,就爱在海子上玩。等一下,我送给你几件宝贝。"

刘大爷给强子拿来四根旧钢筋镩子,其中有一个钢筋镩子弯曲得很厉害,刘大爷说:"实在找不到了,这还是去年村上盖房子,更倌扔给我的,我一直没舍得往废品站送,现在总算派上用场了。"

强子从口袋里掏出了两元钱,塞到刘大爷手里。刘大爷又给塞回来,说:"拿去吧,以后别再干冒失事了。"

冰车滑道就这样解决了,很有踏破铁鞋无觅处,得来全不费工夫的意味。

第二天,强子叫来了金龙、春生帮忙。把弯曲的钢筋镩子直过来,然后,两个一组,比量好了长短,在冰车底板的横梁上画好线,小心翼翼地钉上。横梁也是新换的,比以前的更结实,冰车的前挡板也检查了一遍,补了钉子。

最后,他们想到了李大哲说的,磨冰刀的事,也找来一块磨刀石,在钢筋镩子上磨出了一个亮面。

这天午后,西伯利亚寒流突然过境,北风说刮就刮起来了。

强子叫上金龙、春生,来到海子做最后一次试验,这样的天气里,海子里肯定没有小孩玩。

下海子的一段路地势偏高,风从他们身后吹起棉衣,推着他们前行,他们用力压着帽耳朵捂着脸,缩着肩膀,相互依靠着。

来到海子上,风势稍平缓些,强子说:"这次试验是真刀真枪地干。"他让金龙做假想的李大哲,和他一起比赛。考虑到冰车的速

度因素,他和金龙换坐了冰车。

一切都和预想的差不多,只是强子在横穿到第三个弯道时,金龙的冰车刚好冲过去了,强子也就用冰锥子抵住冰面,草草地收了场。

强子宣布:"试验成功。"理由是,到时候我只要再稍稍调整速度、方向,就会正好撞到李大哲的冰车上。他让春生去向李大哲下战书:"明天上午十点,进行第三次比赛。"

他很兴奋,一连串的准备工作都这样顺利,他仿佛看见胜利在向他招手了。他的嘴冻木了,说话时,有好几个字含糊不清。

金龙怀疑自己听错了,再稍稍调整,稍稍是什么意思啊?有那么容易吗?如果把握不好尺度呢?强子就是这样,有时候心很细,但经常不到位。金龙想说出来,但又怕影响强子的比赛情绪,把到嘴边上的话,又咽回去了。

回到家,天色已经暗下来了,金龙烧一暖瓶开水,把手电筒装上电池,又在路边包一兜沙子,带着大黄狗偷偷地去了海子。

他找准了冰道上第三个弯道略前些位置,浇热水,撒沙子。他要给按正常路线前进的李大哲设置一点障碍,让他的冰车减速,然后,当李大哲的冰车冲出沙子冰道,就会被飞驰而来的强子冰车迎头碰上,"砰"一切都将如设想的一样。

如果,如果李大哲事先察觉了,绕过了沙子冰道呢?金龙绞尽脑汁,想出一个补救措施,就是让大黄狗冲上去,吓唬李大哲一下,尽管这有点露骨。操作方法很简单,只要他打一个口哨就好使。他家的大黄狗是纯种的科尔沁牧羊犬,要是真正的撕咬起来,就是大人也不敢靠前。到时候,只需要李大哲稍一犹豫……

眼看着沙子冻上了,金龙又在沙子的表面扬了一层雪,遮掩住沙子的秘密,很像地雷战的情节。

八

　　这是过年的前两天——腊月二十八,往年乌拉海子村早就进入了过年的程序,但是今年大家都忙,大人忙,孩子也忙。

　　早上,强子从炕上爬起来,看见爸爸妈妈的脸上都挂着微笑,显得心情特别好。也许是要过年了,即使心里有不高兴的事,也都要隐藏起来,妈妈以前告诉过自己。当然也不一定,也许有好事,只是昨天晚上他们回来得太晚了,强子当时已经睡着了,没有听到他们说些什么。

　　随后,爸爸妈妈都去大棚了,临走时,爸爸问强子今天做什么? 想说点什么话。强子刚有点担心,妈妈说话了,她截住爸爸的话头说:"算了,让他玩去吧,今天都二十八了。"

　　过年,是孩子们的"解放区的天"。强子心情愉悦地吃饭,然后,整理自己的东西。

　　他用毛巾把棉帽子擦干净,拉拉帽带,检查结实不;把棉手套翻过来放在滚热的炕头上烤,里面沤了一冬的汗水,发出一股打鼻子的馊味;板柜上放着一双新棉鞋,显然是妈妈拿出来让他穿的,新鞋的鞋带很结实,这是他最满意的,穿上新鞋,还用力在地上跺几下脚,鞋的大小正合适,妈妈买的鞋总是这样合脚。

　　下面就是检查冰车了,他把冰车搬进屋子里来,爸爸妈妈不在家,他也放肆起来。冰车的滑道一点问题也没有,非常牢固,还因为在冰上滑了几次,更平滑了,用手指抚摸,像镜面一样;冰车的前护板很重要,是保护自己膝盖的,他用力扳扳,没有松动的迹象;冰锥子呢,这两把像丁字尺的工具是他最喜欢的,他用旧布把横把缠了一层,这样握起来更舒适。一切检查完毕,最后他没忘了用砂轮片打磨冰锥子尖,要保证每一锥子都有效地扎进冰里,尖端的锋利最重要。

强子来到海子上时,先看到大黄狗了,它在冰上转着圈,拖着一条长长的铁链,显然是被金龙用冰穿子固定在冰面上了,但强子并不知道,大黄狗的位置是金龙精心选择的。再往远看,金龙和春生正在起滑处跺着脚呢,他们已经先到了。国柱也来了,他用那件蓝色的羽绒大衣,把自己包裹得严严实实,他站在稍远处,和大家保持着距离。强子想走过去和他说几句话,这时候李大哲他们过来了。

强子和李大哲两个人分别选好位置,摆放好冰车,强子在左,李大哲在右,两辆冰车中间保持着足够宽的安全距离。

还以为要为谁喊口令争执呢,谁知李小慧却主动放弃了,她说:"还是让金龙喊口令吧,他的嗓门大。"

金龙美滋滋地站出来,说:"那我就当发令官了。"他向春生借来手表,看看又说:"时间还早呢,两位活动一下,做好准备工作。"

这时,李小慧和林冬冬、小胖子早蹲下来,察看着起滑点前面的冰面,跨大步丈量着两辆冰车是不是在一条直线上。

春生想,可能他们怀疑什么了,就过去问:"有什么问题吗?"

李小慧直言不讳地说:"没有,只是要加小心,这是最后的比赛了,很重要的。"

春生听了,想:"你怎么就认定是最后比赛呢?要是强子赢了呢?"他也不客气地去李大哲的冰车跟前察看。后来,几个人都忙完了,站到两边,表示检查工作结束。

金龙说:"听我的口令,上冰车!"

强子、李大哲走到各自的冰车上,坐稳,操起冰锥子,高高地扬

176

起前臂,做出了一触即发的姿势。

金龙大喊:"预备——滑!"

两个人猛然把冰锥子扎进冰面,两辆冰车几乎同时射出去了。

李大哲和前两次一样,一开始就把冰车狠狠地压住了 W 形冰道内侧,随弯就弯滑下去了。而强子的冰车直直地冲上左侧的冰坡了。原地起步上冰坡,限制了速度,强子猫着腰,把冰锥子抡得飞快,迸起的冰屑雪花样飞溅起来。等他爬上冰坡时,李大哲已经滑出去很远了。

李大哲没有听到强子的冰车声,就用眼睛的余光瞥一下,看强子上冰坡了,很有些意外,他大喊一声:"怎么了? 快回来! "挥动的冰锥子却没有丝毫减速。

强子听到"快回来"的话了,他"哼"了一声:"打赌要的是结果! "你说的,看着吧! 他长嘘一口气,两把冰锥子一齐快速向后戳,就像大雁张合起翅膀一样,冰车在疙疙瘩瘩的冰坡上滑动,一扭一扭地颠簸着,强子滑行过二十几米,就气喘吁吁了。强子咬着牙,不敢大意,也不敢分散精力,偏过头去观察李大哲。

大约滑行 50 米时,冰车滑下第二个弯道了,强子把身体前弓到最低,眼睛盯着前进的方向,耳边呼呼响着惯性制造出的风声。这时,他眼前闪过去一个影子,接着是"刷"的飞驰而过的冰车声。一定是李大哲,但他不敢分心,他把冰锥子向冰上猛戳了几下,他需要的是速度。强子带着风声,箭打一样地穿过二十几米宽的冰道,滑上了另一侧的冰坡。

这是有大冰裂子的冰坡,冰裂子呈放射状向四下里裂开,强子前进得很艰难,他要把冰车不时地下压,让冰车前端翘起来,下压的动作要根据冰裂子的大小,快速地调整,过度的下压,会导致翻车,而且方向也不容易掌握。

强子坚定着信心。从这个冰坡滑下去,就是第三个弯道了,他叮嘱着自己:快些,再快些,只要滑下冰道,准确地撞上李大哲的冰车,就大获全胜了。

冰车在冰裂子间"嘎吱吱"响着,几乎是左右跳动着前进,强子紧张地挥舞着两只冰锥子,高度有效地配合着。强子的眼睛被额头流下来的汗水遮住了,他狠狠地甩着头,棉帽子带开了,球一样地甩飞了,他看也没有看一眼。

这只有二十几米的冰坡,让强子理解了什么叫艰难困苦。

终于,冰车滑到冰坡的边缘了,他把冰车信马由缰地从冰坡上放下来,在惯力推动下,冰车横切进第三个冰道。只是到了这时,他才发现不对头了,眼前一段冰道上竟然没有李大哲的冰车。

怎么会呢?这可是他没有意料到的紧急情况,李大哲的冰车不可能这么慢的,他会出意外吗?强子死死地用冰锥子抵住冰面,冰道发出了"咯哧哧"的金属破裂声,冰车还是没有停住,带着风声飞上了冰坡。

九

强子醒来时,是躺在国柱怀里。国柱用大衣裹着他,大声喊着:"强子,强子,你醒醒,睁开眼睛!"

强子惊讶地问:"我——怎么了?"他的身上淌着水,冷嗖嗖的,嘴唇也不自觉地哆嗦起来。

李大哲跑过来,说:"快快快,抱他过去!"

冰车旗舰三下两下就连接好了,强子被李大哲抱着,强行按到上面,所有人的大衣都裹到他身上了。大家用绳子拖着冰车旗舰,

往村子里跑。

"是——是怎么回——回事啊？"强子真糊涂了。

李大哲说："你的冰车飞过了冰坡，滑进了汊河，掉进了泉眼坑里。"

"你——是说，我掉进冰——窟窿里了？"

"是国柱先看见的。好在坑不太深，他跳下去，把你抱上来了。"

强子想起事情的原委了："那——你呢？你——刚才滑到哪去了？"

李大哲说："我在快要拐第三个弯道时，摔倒了，冰面上有很多沙子，也不知道是怎么搞的？"

在前面拉冰车旗舰的金龙听到了，回过头，他悄悄地在嘴唇上竖起食指，冲着强子发出"嘘"声。

强子顿时明白了，红着脸坦白说："真——没想到。都这样了，我就实话实——说吧，我本来是设计好，在横冲冰道时撞上你——的冰车的，我好顺利地拐——进冰道。这个金龙，竟然帮了我的——倒忙！"

李大哲惊讶地"啊"了一声："你们要这么干，为什么啊？"

强子不想做详细解释，其实，他觉得很难解释，特别是现在，就敷衍说："也不为——什么，只是要赢——你。"

冰车旗舰在雪地上飞快地滑行着，强子感觉暖和多了，舌头也好使了，他拉着李大哲的手说："不管怎么说，我还是要谢谢你！我回家就把弹弓子给你。"

李大哲说："我们不说这个好吗？你不要把打赌当回事。有一件事，我还想跟你说呢，咱们以后不玩这个了。我们家的大棚山菜卖上了好价钱，我爸爸早上答应了，要给我们每人买一双冰鞋，组建乌拉海子少年速滑队。这样我们就可以参加市里的比赛了。"

"真的啊？那,那我们家的大棚山菜呢？"强子眼前马上闪过了爸爸愁眉苦脸的样子。

"你们家的,还有村上别人家的大棚山菜也都卖了,是我爸爸和省城的一家蔬菜公司联系的。听说以后要签订长期供货的合同呢。"

"太好了！"强子几乎要在冰车旗舰上跳起来了。

李大哲说:"我还没说完呢！你得马上告诉我你的鞋号,我爸爸午后要随保温货车去省城,顺便带回来冰鞋。"他大声地对前面几个小伙伴喊:"听到没有？你们也是,都要快点告诉我！"

强子听了,连说:"好好,替我谢谢李叔叔！"

李大哲说:"还有,我们几个同意你当乌拉海子少年速滑队队长！"

"什么——什么？你们同意——我？"

"是啊,大家说,你有热情,有毅力,有能力……"

强子听不下去了,他"啊、啊"地哽咽着,双手捂上盈满泪水的眼睛。